Collection dirigée
par Hélène Potelet et Georges Décote

œuvres & thèmes

Classiques Hatier

Poèmes
(5e - 4e)

GROUPEMENTS DE TEXTES
La ronde des mots
Les chemins de la liberté
Des animaux et des hommes
Saisons et paysages
Heures de vie

UN GENRE
La poésie

Michel Nodin
Professeur de lettres

© HATIER
PARIS 2003
ISBN 2-218-**74343-4**
ISSN 0184 0851

HATIER

Sommaire

Introduction 5

PREMIÈRE PARTIE
La ronde des mots

Est-ce passe-temps ?, Jacques Prévert	8
« Bien placés, bien choisis... », Raymond Queneau	8
Littérature, Robert Desnos	9
Sonnet, Tristan Corbière	10
Odelette, Henri de Régnier	12
Cactus, Édouard Glissant	13
14 JUILLET, Francis Ponge	14
Cœur couronne et miroir, Guillaume Apollinaire	18
Le Carré pointu, Robert Desnos	19
Carnaval, Théophile Gautier	23
« Tournez, tournez... », Paul Verlaine	26
Venise, Alfred de Musset	28

DEUXIÈME PARTIE
Les chemins de la liberté

La Fleur, Eugène Guillevic	32
Bonne justice, Paul Éluard	35
Ma Bohème, Arthur Rimbaud	38
En sortant de l'école, Jacques Prévert	40
Tsigane, Charles Cros	42
Les Conquérants, José-Maria de Heredia	43
La Frégate « La Sérieuse », Alfred de Vigny	49
Le Port, Émile Verhaeren	50
Départ, Jules Supervielle	52

« Heureux qui, comme Ulysse... », Joachim Du Bellay	57
Le Loup et le Chien, Jean de La Fontaine	59
« J'aime la liberté... », Joachim Du Bellay	63
Liberté, Paul Éluard	64

TROISIÈME PARTIE

Des animaux et des hommes

La Chenille, Guillaume Apollinaire	68
La Méduse, Guillaume Apollinaire	68
Les Colombes, Théophile Gautier	69
« Fourmis, fourmis... », Eugène Guillevic	70
Le Lièvre et la Tortue, Jean de La Fontaine	71
La Tortue, Elolongue Epanya Yondo	72
La Mort du Loup, Alfred de Vigny	74
Le Rêve du Jaguar, Charles Leconte de Lisle	79
Soleil couchant, Jules Laforgue	82
Les Grenouilles qui demandent un Roi, Jean de La Fontaine	83
La Grenouille bleue ou La Prière au bon forestier, Paul Fort	84
La Grenouille aux souliers percés, Robert Desnos	85

QUATRIÈME PARTIE

Saisons et paysages

« Le temps a laissé son manteau... », Charles d'Orléans	88
Le Bel Aubépin, Pierre de Ronsard	89
Nuits de juin, Victor Hugo	91
L'Été pourri, Louis Aragon	92
Celui qui attend, Pierre Reverdy	93
Ballade à la lune, Alfred de Musset	94
L'Heure du berger, Paul Verlaine	96
« Déjà la nuit... », Joachim Du Bellay	100

CINQUIÈME PARTIE

Heures de vie

L'Homme qui te ressemble, René Philombe	102
La Maison de Natik, Mohammed Dib	103
Ballade des menus propos, François Villon	104
Le Buffet, Arthur Rimbaud	106
Les Fenêtres, Charles Baudelaire	108
Le Relais, Gérard de Nerval	109
« On vit, on parle... », Victor Hugo	110
Spleen, Jules Laforgue	111
Les Usines, Émile Verhaeren	112
Heure de vie, Jean-Paul Nyunaï	115
« Demain, dès l'aube... », Victor Hugo	116
Le Dormeur du val, Arthur Rimbaud	118
Chanson des escargots..., Jacques Prévert	120
« Une odeur nocturne... », Léon-Paul Fargue	122
« La fenêtre est ouverte... », Francis Carco	124
Questions de synthèse	126
INDEX DES AUTEURS	127

INTRODUCTION

Le monde des poètes

Avec les mots de tous les jours, ces mots qu'on ne voit plus, ces mots qu'on n'entend plus tant ils nous sont familiers, les poètes créent un monde inattendu. Car voici que soudain, sous leur plume, ces mots qu'on finissait par oublier pour les avoir trop utilisés prennent un sens nouveau : ils se heurtent ou se répondent, se marient ou s'affrontent, soulevant alors une moisson d'images.

Pour y parvenir, les poètes combinent constamment plusieurs éléments, et plus particulièrement :
– la mise en espace du poème,
– les mots et leur organisation en champs lexicaux,
– les images (comparaisons, métaphores...),
– les sonorités (rimes, allitérations, assonances),
– le rythme.

Le « voyage » poétique que nous vous proposons s'organise autour de cinq grandes parties qui sont autant de chemins buissonniers à parcourir en toute liberté.

La ronde des mots

En référence à cette fameuse page vierge que noircissent, siècle après siècle, les poètes pour notre plus grand plaisir, le recueil s'ouvre sur l'évocation mi-rêveuse mi-sérieuse de la page blanche par Jacques Prévert.

Soudain les mots quittent les sentiers battus des définitions horizontales du dictionnaire et nous entraînent dans une ronde aussi étourdissante que celle d'un manège. Là, ils vivent en liberté, chantent et dansent au rythme des lyres et des mandolines.

Les chemins de la liberté

Au-delà de la ronde toujours recommencée du manège s'ouvre le chemin qui mène droit devant soi, parce qu'il faut bien grandir, parce que l'enfant que nous sommes ou que nous avons été doit, pas à pas, s'avancer sur ce chemin de la liberté.

Des animaux et des hommes

En route, nous retrouvons les animaux familiers des contes et des fables. Ils nous ressemblent, miment nos travers, s'amusent de nos petites misères. Hiboux, colombes, fourmis, tortues, grenouilles...

Saisons et paysages

Cartes postales envoyées des quatre coins du monde, les poèmes chantent ici la couleur des quatre saisons, comme les âges de la vie d'un homme.

Heures de vie

L'espace d'un moment, le ton devient plus grave, la voix plus sourde : surgissent alors les images douloureuses de la guerre, de la misère et de la mort... Puis le désir de vivre reprend le dessus et la ronde des mots nous étourdit à nouveau.

Après maints détours, le recueil s'achève sur la fenêtre ouverte d'un poème de Francis Carco, appel à tous ces poèmes, célèbres ou intimes, qui auraient pu encore figurer ici, mais aussi invitation à «prendre la plume», à votre tour, pour écrire de la poésie.

PREMIÈRE PARTIE

La ronde des mots

La terre est pointue... L'espace est carré
Robert Desnos

Paul Klee, « Senecio » (1922).

Est-ce passe-temps ?

Est-ce passe-temps d'écrire
est-ce passe-temps de rêver
Cette page
était toute blanche
5 il y a quelques secondes
Une minute
ne s'est pas encore écoulée
Maintenant voilà qui est fait.

Jacques Prévert (1900-1977),
Fatras, Gallimard.

« Bien placés bien choisis... »

Bien placés bien choisis
quelques mots font une poésie
les mots il suffit qu'on les aime
pour écrire un poème
5 on sait pas toujours ce qu'on dit
lorsque naît la poésie
faut ensuite rechercher le thème
pour intituler le poème
mais d'autres fois on pleure on rit
10 en écrivant la poésie
ça a toujours kékchose d'extrême
un poème

Raymond Queneau (1903-1976),
L'Instant fatal, Gallimard.

LITTÉRATURE

Je voudrais aujourd'hui écrire de beaux vers
Ainsi que j'en lisais quand j'étais à l'école
Ça me mettait parfois les rêves à l'envers
Il est possible aussi que je sois un peu folle

5   Mais compter tous ces mots accoupler ces syllabes
Me paraît un travail fastidieux de fourmi
J'y perdrais mon latin mon chinois mon arabe
Et même le sommeil mon serviable ami

J'écrirai donc comme je parle et puis tant pis
10 Si quelque grammairien surgi de sa pénombre
Voulait me condamner avec hargne et dépit
Il est une autre science où je peux le confondre.

Robert DESNOS (1900-1945),
Destinée arbitraire, Gallimard.

Lire un poème

1. Lisez les titres de ces trois poèmes. Lequel comporte un jeu de mots ? Justifiez votre réponse.
2. Trois poètes révèlent ici quelques-uns de leurs secrets d'écriture. Quels sont ces secrets ? À quels siècles ont vécu ces poètes ?
3. Choisissez de lire à haute voix l'un de ces trois poèmes. Soignez le ton et travaillez l'articulation des syllabes et les liaisons. (Les jeunes comédiens s'entraînent à une bonne diction en tenant horizontalement, entre les incisives, le bout d'un crayon de bois.)

Écrire

Poètes en herbe
4. Prenez une page blanche. Un mot solitaire s'y pose. Puis un autre l'y rejoint... Osez... écrire de la poésie.

Sonnet

Je vais faire un sonnet ; des vers en uniforme
Emboîtant bien le pas, par quatre, en peloton,
Sur du papier réglé, pour conserver la forme,
Je sais ranger les vers et les soldats de plomb.

5 Je sais faire un sonnet ; jadis, sans que je dorme,
J'ai mis des dominos en file, tout au long,
J'ai suivi mainte allée épinglée où chaque orme
Rêvait être de zinc et posait en jalon.

Je vais faire un sonnet ; et toi, viens à mon aide,
10 Que ton compas m'inspire, ô muse d'Archimède,
Car l'âme d'un sonnet c'est une addition.

1, 2, 3, 4, et puis 4 : 8, je procède
Ensuite 3 par 3 — tenons Pégase raide !
O lyre ! ô délire ! oh — assez ! attention.

Tristan Corbière (1845-1875),
Les Amours jaunes.

Repérer et comprendre

« Des vers en uniforme » (v. 1) **et « des dominos en file »** (v. 6)

1. a. À quel champ lexical appartiennent les mots « uniforme » (v. 1), « peloton » (v. 2), « soldats » (v. 4) ?
b. Relevez les images développées par le poète et expliquez-les.

La mesure du vers

Pour mesurer un *vers*, il faut compter les *syllabes*.
Le *e muet* se prononce s'il est suivi d'une consonne. S'il est suivi d'une voyelle ou s'il est en fin de vers, il ne se prononce pas.

2. Combien de syllabes comportent les vers de ce poème ? Comment appelle-t-on ces vers ?

Le sonnet

Le sonnet est un poème en alexandrins (vers de 12 syllabes), composé de 2 quatrains (strophes de 4 vers) suivis de 2 tercets (strophes de 3 vers).
Les rimes respectent la disposition classique : ABBA-ABBA-CCD-EED.

3. Ce poème respecte-t-il toutes les règles du sonnet ?

Attenti-on ! Diérèse !

Diérèse : c'est ainsi que l'on appelle la séparation de deux sons habituellement prononcés ensemble.
Ex. : Attenti-on ; furi-euse, vi-olon…
La *diérèse* attire l'attention sur un mot qu'elle met en valeur.

4. Retrouvez dans ce sonnet deux diérèses justifiées par la mesure du vers. Quel effet produisent-elles ?

L'inspiration du poète

5. Qui est Archimède (v. 10) ? Pourquoi le poète invoque-t-il sa muse ? Citez le texte à l'appui de votre réponse.
6. « Tenons Pégase raide » (v. 13) : que risque le poète s'il laisse s'emballer le cheval ailé Pégase, symbole de l'inspiration poétique ?
7. Qu'est-ce qu'une lyre (v. 14) ? Que symbolise-t-elle généralement ? Relevez un jeu de mots dans le vers 14 et expliquez-le.

Se documenter

8. Faites une recherche sur les muses et sur Pégase.

ODELETTE

Un petit roseau m'a suffi
Pour faire frémir l'herbe haute
    Et tout le pré
    Et les doux saules
5 Et le ruisseau qui chante aussi ;
Un petit roseau m'a suffi
À faire chanter la forêt.

    Il m'a suffi
De ce petit roseau cueilli,
À la fontaine où vint l'Amour
20   Mirer, un jour,
    Sa face grave
    Et qui pleurait,
Pour faire pleurer ceux qui passent
Et trembler l'herbe et frémir l'eau ;
25 Et j'ai, du souffle d'un roseau,
Fait chanter toute la forêt.

Ceux qui passent l'ont entendu
Au fond du soir, en leurs pensées,
10 Dans le silence et dans le vent,
    Clair ou perdu,
    Proche ou lointain...
Ceux qui passent, en leurs pensées,
En écoutant, au fond d'eux-mêmes
15 L'entendront encore et l'entendent
    Toujours qui chante.

Henri DE RÉGNIER (1864-1936), *Les Jeux rustiques et divins*.

Lire un poème

1. Quel instrument de musique accompagne le chant du poète ?
2. « Ceux qui passent l'ont entendu » (v. 8).
Êtes-vous de ces passants qui ont entendu le chant des poètes ?
À quelle occasion ? Connaissez-vous des vers « par cœur » ?

S'exprimer

3. Que représente la poésie pour un poète ? Que représente-t-elle pour vous ? Échangez vos impressions au cours d'un débat en classe.

Cactus

Rêches de crocs sur la crête au vent
Ils arrêtent le pollen du temps
Ils éclairent midi sonnant
Nul ne les prend
5 Ils disparaissent dans l'antan[1].

Édouard GLISSANT (né en 1928), *Le Sel noir*, Gallimard.

Repérer et comprendre

L'allitération
> L'*allitération* est la répétition d'un même son consonne dans une suite de mots. L'association du sens des mots et des sonorités contribue à produire un effet.

1. Quelles sonorités consonantiques sont répétées dans ce poème ? Quel est l'effet produit par ces allitérations ?

Écrire

Poètes en herbe
2. En quelques vers, caractérisez une fleur, un animal, un objet... Travaillez l'allitération pour produire un effet.

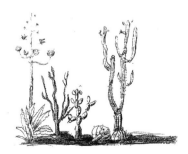

---

1. L'autrefois.

14 JUILLET

Tout un peuple accourut écrire cette journée sur l'album de l'histoire, sur le ciel de Paris.

D'abord c'est une pique, puis un drapeau tendu par le vent de l'assaut (d'aucuns y voient une baïonnette), puis — parmi d'autres piques, deux fléaux, un râteau — sur les rayures verticales du pantalon des sans-culottes un bonnet en signe de joie jeté en l'air.

Tout un peuple au matin le soleil dans le dos. Et quelque chose en l'air à cela qui préside, quelque chose de neuf, d'un peu vain, de candide : c'est l'odeur du bois blanc du Faubourg Saint-Antoine, — et ce J a d'ailleurs la forme du rabot.

Le tout penche en avant dans l'écriture anglaise, mais à le prononcer ça commence comme Justice et finit comme ça y est, et ce ne sont pas au bout de leurs piques les têtes renfrognées de Launay et de Flesselles qui, à cette futaie de hautes lettres, à ce frémissant bois de peupliers à jamais remplaçant dans la mémoire des hommes les tours massives d'une prison, ôteront leur aspect joyeux.

Francis PONGE (1899-1988), *Pièces*, Gallimard.

Repérer et comprendre

Un poème en prose
À partir du XIXe siècle, certains poètes écrivent des poèmes en prose. Généralement court, le poème en prose présente, comme le poème en vers, des effets de rimes, de rythme et de sonorités.

1. a. Combien de paragraphes ce poème comporte-t-il ?
b. Combien de phrases composent chaque paragraphe ?
2. Repérez quelques répétitions de mots et de sonorités. Quel est l'effet produit ?

Un événement historique
3. À quelle journée historique le titre du poème fait-il référence ?
4. Dans quelle ville se passe la scène ? Quel lieu célèbre se cache derrière « les tours massives d'une prison » (l. 15-16) ?

5. « Launay », « Flesselles » et les « sans-culottes » sont des acteurs importants. Quel est leur rôle ?

Un jour de fête

6. « Les têtes renfrognées » (l. 13) : quel est l'effet produit par cette expression ?

7. « Ôteront leur aspect joyeux » (l. 16).

a. Quel est le sujet du verbe « ôteront » ?

b. Quel rapport y a-t-il entre l'« aspect joyeux » des lettres et le titre du poème ?

Un jeu de correspondances

> Ponge joue avec les lettres et les chiffres du titre pour représenter la journée du 14 juillet. Il établit ainsi un jeu de correspondances tout au long du poème.

8. « Ça commence comme Justice et finit comme ça y est » (l. 12) : quel mot est ainsi évoqué ?

9. a. Qu'est-ce qu'un « fléau » (l. 5) ?
b. Cherchez, dans le deuxième paragraphe, les correspondances existant entre les objets cités et les chiffres et les lettres du titre du poème.
10. Dans le troisième paragraphe du poème, une lettre de l'alphabet est mise en valeur. Laquelle ? Quels autres mots du poème commencent par cette lettre majuscule ?
11. Ce bonnet « jeté en l'air » (l. 6) est célèbre. Quel est son nom ? À quel symbole de la royauté se substitue-t-il ?
12. Relevez dans ce tableau les correspondances développées dans le poème.

Chiffres et lettres	Désignent un objet	Révèlent un métier ou un acteur
1		
4		
J		
U		
I		
L		
L		
E		
T		

Les images

Les mots du poète ont le pouvoir de créer des mondes imaginaires grâce aux images qu'ils traduisent, images qui établissent des correspondances nouvelles entre les objets. Ainsi, dans le poème de Ponge, le chiffre 4 est « un drapeau tendu par le vent de l'assaut » (l. 3-4).

13. a. Qu'est-ce que « l'écriture anglaise » (l. 11) ? Calligraphiez le titre du poème en « écriture anglaise ».
b. Expliquez dans le poème l'image « le tout penche en avant dans l'écriture anglaise » (l. 11).
c. Quelle action de cette journée est ainsi évoquée ? Quel mot du texte y fait directement allusion ?
14. Expliquez l'image « cette futaie de hautes lettres » (l. 14). Quel autre nom donne-t-on à un tel ensemble de lettres ?

Dessiner

15. Dessinez le titre du poème en suivant les indications précises données par le poète.
16. Quels outils ou quels objets pourraient être représentés à partir d'un O, d'un P, d'un S, d'un T?
17. Choisissez six lettres de votre choix et formez un mot de votre invention auquel vous donnerez une définition qui soit en rapport avec la forme des lettres ou avec leur sonorité.

Écrire

18. Vous feuilletez un vieil album de photographies. Plusieurs d'entre elles ont été prises le même jour et rappellent un événement précis. Décrivez les scènes ainsi arrêtées dans le temps.

Rechercher

19. Que savez-vous sur la journée du 14 juillet 1789 ? Présentez votre recherche sous la forme d'un dossier illustré.
20. Pourquoi faut-il « écrire cette journée sur l'album de l'histoire » (l. 1-2) ? Cherchez dans un calendrier français d'autres fêtes civiles : quels événements sont ainsi conservés par la mémoire collective ?

CŒUR COURONNE ET MIROIR

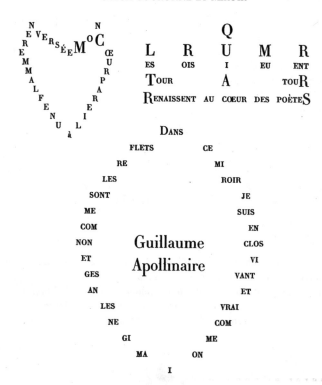

Guillaume APOLLINAIRE (1880-1918),
Calligrammes, Gallimard.

Repérer et comprendre

1. Qu'appelle-t-on un calligramme ?
2. Déchiffrez ce calligramme : précisez le sens de votre lecture.
3. Que représente la figure où s'inscrit le nom du poète ?
4. Écrivez un calligramme.

LE CARRÉ POINTU

Le carré a quatre côtés
Mais il est quatre fois pointu
Comme le Monde.
On dit pourtant que la terre est ronde
5 Comme ma tête
Ronde et monde et mappemonde :
Un anticyclone se dirigeant vers le nord-ouest...
Le monde est rond, la terre est ronde
Mais elle est, mais il est
10 Quatre fois pointu
Est Nord Sud Ouest
Le monde est pointu
La terre est pointue
L'espace est carré.

Robert DESNOS (1900-1945),
Destinée arbitraire, Gallimard.

Repérer et comprendre

Une vision personnelle du monde

1. Quelles sont les figures géométriques qui dessinent le monde vu par le poète ?

2. Bien visible ou caché, le nombre « quatre » organise le poème : retrouvez-le.

3. Sur quelle figure géométrique s'achève le poème ? Sur laquelle s'ouvrait-il ? Quel est l'effet produit ?

4. a. Le poète s'oppose à une vérité prouvée scientifiquement. Laquelle ?
b. Relevez une conjonction de coordination (répétée trois fois) et un adverbe qui soulignent cette opposition.

c. *La comparaison.*

La *comparaison* met en relation deux éléments, le *comparé* (élément que l'on compare) et le *comparant* (élément auquel on compare), pour en souligner le point commun. La comparaison est introduite par un *outil de comparaison* (comme, tel que, ressembler à…).

Ex. : « la terre est ronde / Comme ma tête ».
      COMPARÉ   COMPARANT

L'élément commun entre le comparé et le comparant est la forme ronde. « Comme » est l'outil de comparaison.

Relevez une autre comparaison. Quels sont le comparé et le comparant ? Quelle remarque pouvez-vous faire sur l'élément commun ?

5. Que de choses se cachent derrière les mots d'un poème : cherchez un vers de sept syllabes qui ressemble à une comptine et un vers qui vous fait penser à un bulletin météo.

Des éléments empruntés à la réalité

6. Quels éléments empruntés à la réalité apparaissent dans ce poème ? Classez-les dans le tableau suivant.

Géométrie	Géographie	Météorologie	Anatomie

Des vers en liberté

7. a. Combien de syllabes comptent les vers de ce poème ? Sont-ils réguliers ? **b.** Le poème comporte-t-il des rimes ?

Les effets de sonorités

8. Repérez des sonorités qui se répètent. Quel est l'effet produit ?

Écrire

Poètes en herbe

9. « Bien placés bien choisis quelques mots font une poésie » (R. Queneau, voir p. 8).

Choisissez quelques mots et composez à votre tour un poème de huit à douze vers libres. Vous serez attentif au jeu des sonorités, aux répétitions de mots, aux rimes internes…

10. « À la foire aux puces l'amateur trouve deux objets qui riment. Que faire ? » demande le poète Raymond Queneau.
À votre tour, trouvez deux objets qui riment et répondez en un poème à la question du poète.

11. À la manière de Robert Desnos, dans le poème cité ci-dessous, choisissez un théorème mathématique et composez quelques vers fantaisistes en détournant ce théorème de son sens. Lisez vos trouvailles à la classe.

Par un point situé sur un plan...

Par un point situé sur un plan
On ne peut faire passer qu'une perpendiculaire à ce plan
On dit ça...
Mais par tous les points de mon plan à moi
5 *On peut faire passer tous les hommes, tous les animaux de la terre*
Alors votre perpendiculaire me fait rire.
Et pas seulement les hommes et les bêtes
Mais encore beaucoup de choses
Des cailloux
10 *Des fleurs*
Des nuages
Mon père et ma mère
Un bateau à voile
Un tuyau de poêle
15 *Et si cela me plaît*
Quatre cents millions de perpendiculaires.

Robert Desnos (1900-1945), *Destinée arbitraire*, Gallimard.

Rechercher

Le nombre quatre
12. Que sont les quatre éléments, les quatre phases de la lune, les quatre saisons de l'année, 360 degrés, les quatre coins du monde ?

Rond ou carré ?
13. Qu'est-ce qui distingue une « mappemonde », un planisphère et un globe ?

14. Sur une même figure, représentez le monde carré vu par le poète et le monde tel qu'il est. Inscrivez les points cardinaux.

Le carré magique
15. Réalisez un carré magique, sachant que le total de chaque côté est égal à 15 et que les neuf premiers chiffres y sont tous inscrits.

4		2
8		

Faire le point
16. Que signifie l'expression « faire le point » ? Qu'est-ce que la latitude ? la longitude ?

17. Quel lieu se cache derrière les coordonnées suivantes :
Latitude : 43° 41'5 Nord ; Longitude : 07° 17'1 Est ?

CARNAVAL

Venise pour le bal s'habille.
De paillettes tout étoilé,
Scintille, fourmille et babille
Le carnaval bariolé.

5 Arlequin, nègre par son masque,
Serpent par ses mille couleurs,
Rosse d'une note fantasque
Cassandre son souffre-douleurs.

Battant de l'aile avec sa manche
10 Comme un pingouin sur un écueil,
Le blanc Pierrot, par une blanche[1],
Passe la tête et cligne l'œil.

Le Docteur bolonais rabâche
Avec la basse[2] aux sons traînés ;
15 Polichinelle, qui se fâche,
Se trouve une croche pour nez.

Heurtant Trivelin qui se mouche
Avec un trille extravagant,
À Colombine Scaramouche
20 Rend son éventail ou son gant.

Sur une cadence se glisse
Un domino[3] ne laissant voir
Qu'un malin regard en coulisse
Aux paupières de satin noir.

---

[1]. Pierrot regarde à travers la note de musique appelée « blanche » comme à travers une lucarne.
[2]. Instrument de musique au son grave.
[3]. Cape flottante à capuchon.

25 Ah! fine barbe de dentelle[4],
Que fait voler un souffle pur,
Cet arpège m'a dit: C'est elle!
Malgré tes réseaux[5], j'en suis sûr!

Et j'ai reconnu, rose et fraîche,
30 Sous l'affreux profil de carton,
Sa lèvre au fin duvet de pêche,
Et la mouche[6] de son menton.

Théophile GAUTIER (1811-1872), *Émaux et Camée*.

Repérer et comprendre

La mise en espace
1. Combien de strophes le poème comporte-t-il? Quels sont les mètres employés?

Le carnaval
2. Dans quelle ville se déroule le carnaval?
3. Relevez les mots et expressions appartenant au champ lexical des couleurs et de la lumière. Quel est l'effet produit?
4. *L'assonance.*

> *L'assonance* est la répétition du même son voyelle. L'association du sens et des sonorités contribue à produire un effet.

Relevez les assonances dans la première strophe et les allitérations (voir p. 13) dans la seconde strophe. Quel est l'effet produit?
5. *L'inversion.*

> *L'inversion* est un procédé expressif qui consiste à placer, dans une phrase, les mots dans un ordre inhabituel. Elle a pour effet de mettre certains mots ou expressions en valeur.

Récrivez les vers 1 à 4 en supprimant les inversions, puis comparez le texte obtenu avec le texte original. Quel est l'effet produit?

---

4. Le loup (masque) est orné, à la hauteur de la bouche, d'une dentelle appelée barbe.
5. Les mailles de la dentelle.
6. Petit morceau de tissu noir collé sur le visage, destiné à faire ressortir la blancheur du teint.

La musique

6. a. Cherchez dans le dictionnaire le sens des mots suivants : « croche » (v. 16), « trille » (v. 18), « arpège » (v. 27). Ces mots appartiennent au même champ lexical. Lequel ?
b. Cherchez dans le poème d'autres mots qui appartiennent à ce champ lexical.
7. Montrez, en citant quelques exemples du texte, que les sons musicaux sont transposés en images visuelles.

Les personnages
8. Faites la liste des personnages. Le poète en fait-il partie ?
9. a. Notez dans le tableau suivant les éléments qui caractérisent les personnages et les verbes d'action qui s'appliquent à chacun d'eux.

Personnage	Masque	Costume	Action

b. Renseignez-vous sur la Commedia dell'arte et ses personnages : lesquels reconnaissez-vous dans le poème ?
10. « Comme un pingouin sur son écueil » (v. 10) : analysez la comparaison (voir p. 20).
11. a. Quel personnage apparaît dans la sixième strophe ?
b. Relevez les mots et expressions qui caractérisent son visage (v. 21-32). Sont-ils mélioratifs ou péjoratifs ?
c. Avec quoi ce visage contraste-t-il ?
12. Pourquoi le poète remarque-t-il ce personnage ? Qu'en est-il pour lui de la fête ?

Dessiner

13. Dessinez une portée musicale avec sa clef de sol, puis les personnages de ce poème sous forme de notes (« Le blanc Pierrot, par une blanche... », v. 11).

Écrire

14. Pour vous rendre à un bal masqué ou costumé, quel costume aimeriez-vous porter ? Décrivez-le en quelques lignes.

« TOURNEZ, TOURNEZ... »

Tournez, tournez, bons chevaux de bois,
Tournez cent tours, tournez mille tours,
Tournez souvent et tournez toujours,
Tournez, tournez au son des hautbois[1].

5   L'enfant tout rouge et la mère blanche,
Le gars en noir et la fille en rose,
L'une à la chose et l'autre à la pose,
Chacun se paie un sou de dimanche.

Tournez, tournez, chevaux de leur cœur,
10 Tandis qu'autour de tous vos tournois
Clignote l'œil du filou sournois,
Tournez au son du piston vainqueur !

C'est étonnant comme ça vous soûle
D'aller ainsi dans ce cirque bête :
15 Bien dans le ventre et mal dans la tête,
Du mal en masse et du bien en foule.

Tournez au son de l'accordéon,
Du violon, du trombone[2] fous,
Chevaux plus doux que des moutons, doux
20 Comme un peuple en révolution.

Le vent, fouettant la tente, les verres,
Les zincs[3] et le drapeau tricolore,
Et les jupons, et que sais-je encore ?
Fait un fracas de cinq cents tonnerres.

---

1. Instruments de musique.   **2.** Instrument de musique.   **3.** Comptoirs de bar, en zinc.

25 Tournez, dadas, sans qu'il soit besoin
    D'user jamais de nuls éperons
    Pour commander à vos galops ronds :
    Tournez, tournez, sans espoir de foin.

    Et dépêchez, chevaux de leur âme :
30 Déjà voici que sonne à la soupe
    La nuit qui tombe et chasse la troupe
    De gais buveurs que leur soif affame.

    Tournez, tournez! Le ciel en velours
    D'astres en or se vêt[4] lentement.
35 L'église tinte un glas[5] tristement.
    Tournez au son joyeux des tambours !

Paul VERLAINE (1844-1896), Sagesse.

Repérer et comprendre

1. Quel est le mètre utilisé ?
2. Dans quel cadre se situe la scène ? Relevez les notations auditives.
3. Quel est l'effet produit par les répétitions de mots et de sonorités, par le rythme ?
4. Quels personnages reconnaissez-vous dans la foule ?
5. Quelle opposition relevez-vous entre les deux dernières strophes et le reste du poème ? Quel est l'effet produit ?

---

4. S'habille.   **5.** Cloche qui sonne la mort de quelqu'un.

Venise

Dans Venise la rouge
Pas un bateau qui bouge,
Pas un pêcheur dans l'eau,
    Pas un falot[1].

5 Seul assis sur la grève,
Le grand lion soulève
Sur l'horizon serein,
    Son pied d'airain[2].

Autour de lui, par groupes,
10 Navires et chaloupes,
Pareils à des hérons
    Couchés en rond,

Dorment sur l'eau qui fume
Et croisent dans la brume
15 En légers tourbillons
    Leurs pavillons.

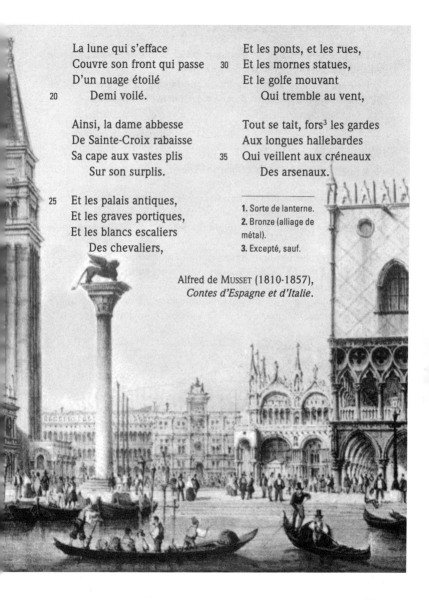

La lune qui s'efface
Couvre son front qui passe
D'un nuage étoilé
　　Demi voilé.

Ainsi, la dame abbesse
De Sainte-Croix rabaisse
Sa cape aux vastes plis
　　Sur son surplis.

Et les palais antiques,
Et les graves portiques,
Et les blancs escaliers
　　Des chevaliers,

Et les ponts, et les rues,
Et les mornes statues,
Et le golfe mouvant
　　Qui tremble au vent,

Tout se tait, fors[3] les gardes
Aux longues hallebardes
Qui veillent aux créneaux
　　Des arsenaux.

---

1. Sorte de lanterne.
2. Bronze (alliage de métal).
3. Excepté, sauf.

Alfred de MUSSET (1810-1857),
Contes d'Espagne et d'Italie.

Repérer et comprendre

1. Faites la liste de tous les éléments qui contribuent à caractériser la ville de Venise (monuments, personnages…).
2. Relevez les mots et expressions appartenant au champ lexical de l'immobilité, de l'obscurité, du silence. Quel est l'effet produit ?

Enquêter

Voyage à Venise
3. a. Recherchez un plan de la ville de Venise : quelle particularité remarquez-vous ?
b. Comment appelle-t-on les bateaux qui apparaissent au premier plan de la reproduction, pages 28-29 ?
c. Recherchez le nom des bateaux modernes qui les ont remplacés aujourd'hui.
4. a. Repérez sur l'image : le campanile, la basilique Saint-Marc, le palais des Doges. À quelles époques ont-ils été construits ?
b. Qui appelait-on les doges ?
5. Rassemblez dans un dossier des reproductions de tableaux représentant Venise. Indiquez pour chacun le nom du peintre et ses dates.

DEUXIÈME PARTIE

Les chemins de la liberté

Je m'en allais, les poings dans mes poches crevées...
Arthur Rimbaud

Marc Chagall, « Au-dessus de Vitebsk », détail (1914).

La Fleur

C'est mon heure.

Maintenant, ce sera toujours
L'étendue de mon heure.

*

Mais oui !
5 Je vais m'ouvrir.

Ce n'est pas la peine, vous,
De tant pousser.

Je connais mon rôle.
J'y suis préparée.

*

10 Des mois,
Que j'y travaille.

Permettez quand même
Qu'au dernier instant

Ça ne me soit pas rien
15 De m'ouvrir sur l'espace,

La lumière.

*

Ce n'était pas si mal
D'être larve de fleur,

De me tricoter ces couleurs
20 Avec du noir

En étant presque sûre
De ne pas me leurrer[1]
Sur la moindre nuance.

*

C'est très supportable, ce noir,
25 Quand on sait qu'on le trompe
Avec lui-même,

Que tout à l'heure
Il n'aura pas à se reconnaître

Dans ce qu'il a voulu
30 Et fait.

Patiente un peu,
Immensité du noir.

Tu vas pouvoir
Admirer ton travail.

*

35 C'est mon heure.

C'est maintenant
Que le noir me renie[2],

Me laissant seule
Dans le combat
40 De mes couleurs

Avec ce qu'il y a
De plus vorace.

*

Jusqu'à présent
J'étais l'espoir
45 D'être moi-même enfin.

Maintenant vient l'espoir
De demeurer longtemps
Au bord de l'avenir,

---

1. Se faire des illusions, se tromper.   **2.** M'abandonne, me rejette.

Avant de pénétrer
50 Dans le flou de cette heure

Qui pour moi
Sera mon toujours.

*

Allons briller.

C'est l'heure.

55 Allons briller
Jusqu'à la chute.

Eugène GUILLEVIC (né en 1907),
Trouées, Gallimard.

Repérer et comprendre

Un destin se prépare

1. « C'est mon heure » (v. 1) : qui parle ?

2. Quelle étape de la vie d'une fleur est évoquée dans ce poème ? Citez des expressions significatives.

3. Quelles expressions pourraient permettre de comparer la fleur à une actrice qui va entrer en scène ?

4. a. Quels sont les deux mondes qui s'opposent dans les vers 17 à 20 ?
b. Le passage d'un monde à l'autre est-il aisé ou nécessite-t-il un travail méticuleux ? Justifiez votre réponse.

Le rôle du temps

5. Observez la mise en page du poème. Quel est l'effet produit ?

6. Relevez les verbes et indications temporelles qui marquent un futur immédiat.

7. Un verbe, dans le poème, est à l'imparfait : lequel ? Quelle étape de la vie d'une fleur indique-t-il ?

8. « C'est mon heure » (v. 1 et 35) ; « C'est l'heure » (v. 54) : comment expliquez-vous le passage d'une formule à l'autre ?

9. Que signifient les deux derniers vers ? Justifiez votre réponse.

BONNE JUSTICE

C'est la chaude loi des hommes
Du raisin ils font du vin
Du charbon ils font du feu
Des baisers ils font des hommes

5 C'est la dure loi des hommes
Se garder intact malgré
Les guerres et la misère
Malgré les dangers de mort

C'est la douce loi des hommes
10 De changer l'eau en lumière
Le rêve en réalité
Et les ennemis en frères

Une loi vieille et nouvelle
Qui va se perfectionnant
15 Du fond du cœur de l'enfant
Jusqu'à la raison suprême.

Paul ÉLUARD (1895-1952), *Pouvoir tout dire*, Gallimard.

Repérer et comprendre

Le vers libre

Au XIXe siècle, apparaissent les *vers libres*. Ce sont des vers aux mètres variables, ils n'ont pas de rimes mais conservent des contraintes de rythme et de sonorités.

1. Observez la ponctuation du poème : que constatez-vous ? Éluard a-t-il abandonné la rime ? Les mètres sont-ils réguliers ?

L'anaphore

L'anaphore est la répétition d'un même mot ou d'une même construction en début de vers, de phrases ou de membres de phrases. Cette figure de style marque le rythme et produit un effet d'insistance.

2. Quelle anaphore rythme le poème ?

« La chaude loi des hommes » (v. 1)

3. Relevez, dans la première strophe, trois mots qui, au propre et au figuré, appartiennent au champ lexical de la chaleur.

4. Quelles ressources les hommes trouvent-ils dans la nature? Citez le texte. Qu'en font-ils?

5. Quels sont les bienfaits de l'amour?

« La dure loi des hommes » (v. 5)

6. À quoi l'homme est-il confronté depuis les premiers temps de l'humanité? Relevez un champ lexical à l'appui de votre réponse.

7. *L'enjambement et le rejet.*

> On parle d'*enjambement,* dans un poème en vers, lorsqu'une proposition ne s'arrête pas à la fin d'un vers mais se prolonge sur le vers suivant. La partie rejetée au début du deuxième vers s'appelle alors le *rejet*. En modifiant la régularité des vers, enjambements et rejets créent des effets de rythme ou mettent des mots en valeur.

Relevez un enjambement dans la deuxième strophe. Quel mot est mis en valeur?

8. Quel sens donnez-vous à l'expression « se garder intact » (v. 6)?

« La douce loi des hommes » (v. 9)

9. Comment comprenez-vous l'expression « changer l'eau en lumière » (v. 10)? Illustrez votre réponse à l'aide d'un exemple, d'une image.

10. « Changer [...] les ennemis en frères » (v. 10 à 12): quelle étape l'homme a-t-il franchie? Justifiez votre réponse.

« Une loi vieille et nouvelle » (v. 13)

11. Quelles étapes de la vie de l'individu sont évoquées dans la dernière strophe? Quelle est selon vous la valeur chantée par le poète?

12. Relisez le poème. Sur quelle progression est-il construit? Justifiez votre réponse.

Écrire et débattre

13. Quelles sont vos raisons d'être? Vos raisons de grandir, de connaître le monde autour de vous?

14. Changer le rêve en réalité, est-ce possible? Illustrez votre devoir d'exemples précis.

15. *Débat.* Peut-on grandir sans loi?

Se documenter

Le mythe de Prométhée

Le titan Prométhée, coupable d'avoir dérobé le feu aux dieux et d'en avoir fait présent aux hommes, est enchaîné au sommet d'une montagne. Écoutons-le :

> *Écoutez plutôt les misères des mortels et comment d'enfants qu'ils étaient auparavant j'ai fait des êtres doués de raison et de réflexion. Je veux vous le dire, non pour dénigrer les hommes, mais pour vous montrer de quelles faveurs ma bonté les a comblés. Autrefois ils voyaient sans voir, écoutaient sans entendre, et semblables aux formes des songes, ils brouillaient tout au hasard tout le long de leur vie ; ils ne connaissaient pas les maisons de briques ensoleillées ; ils ne savaient point travailler le bois ; ils vivaient enfouis comme les fourmis agiles au fond d'antres sans soleil. Ils n'avaient point de signe sûr ni de l'hiver, ni du printemps fleuri, ni de l'été riche en fruits ; ils faisaient tout sans user de leur intelligence, jusqu'au jour où je leur montrai l'art difficile de discerner les levers et les couchers des astres. J'inventai aussi pour eux la plus belle de toute les sciences, celle du nombre, et l'assemblage des lettres, qui conserve le souvenir de toutes choses et favorise la culture des arts. Le premier aussi j'accouplai les animaux et les asservis au joug et au bât pour prendre la place des mortels dans les travaux les plus pénibles, et j'attelai au char les chevaux, dociles aux rênes, luxe dont se pare l'opulence. Nul autre que moi non plus n'inventa ces véhicules aux ailes de lin où les marins courent les mers. Voilà les inventions que j'ai imaginées en faveur des mortels et moi-même, infortuné, je ne vois aucun moyen de me délivrer de ma misère présente.*
>
> Eschyle, *Le Prométhée enchaîné*,
> trad. Émile Chambry, Garnier Flammarion.

16. Qu'est-ce qu'un titan ?
17. À quel âge de la vie Prométhée compare-t-il les temps anciens où les hommes vivaient sans « lumière » ?
18. Les hommes étaient-ils infirmes sans la raison ?
19. Quels sont les savoirs scientifiques inventés par le titan pour le bien des hommes ?
20. Quel sera le sort de Prométhée ? Cherchez des compléments d'information dans une encyclopédie.

MA BOHÈME
(Fantaisie)

Je m'en allais, les poings dans mes poches crevées ;
Mon paletot[1] aussi devenait idéal[2] ;
J'allais sous le ciel, Muse ! et j'étais ton féal ;
O ! là ! là ! que d'amours splendides j'ai rêvées !

5 Mon unique culotte avait un large trou.
— Petit-Poucet rêveur j'égrenais dans ma course
Des rimes. Mon auberge était à la Grande-Ourse.
— Mes étoiles au ciel avaient un doux frou-frou.

Et je les écoutais, assis au bord des routes,
10 Ces bons soirs de septembre où je sentais des gouttes
De rosée à mon front, comme un vin de vigueur ;

Où, rimant au milieu des ombres fantastiques,
Comme des lyres, je tirais les élastiques
De mes souliers blessés, un pied près de mon cœur !

Arthur RIMBAUD (1854-1891), *Poésies*.

Repérer et comprendre

La mise en espace

1. Combien y a t-il de strophes ? Combien chacune d'elles comporte-t-elle de vers ? De quelle forme poétique s'agit-il ?

La situation d'énonciation

2. Qui parle ? À qui s'adresse le personnage dans la première strophe ?

3. À quel niveau de langage appartient l'expression « O ! là ! là ! » (v. 4) ?

La vie de bohème

4. a. Que signifie le mot « bohème » ? Quelle est son origine ?

b. Expliquez le titre, en précisant quelle vie mène le personnage.

5. Relevez les expressions qui caractérisent les vêtements du personnage. Est-il soucieux de son confort ? Justifiez votre réponse.

6. La nature apporte-t-elle quelque chose au personnage ? S'y sent-il bien ? Justifiez votre réponse.

Le voyage et la poésie

7. Quel est le sens du mot « féal » (v. 3). De qui le personnage est-il le féal ? Expliquez l'image.

8. Relevez les mots et expressions qui appartiennent au champ lexical de la poésie. Quel mot est mis en valeur dans la seconde strophe ? Par quel procédé ?

9. Relisez les deux tercets.

a. Où se trouve le personnage ? Que fait-il ?

b. Relevez les comparaisons et expliquez-les.

c. Que symbolise traditionnellement la lyre (v. 13) ?

10. Comment comprenez-vous l'expression « un pied près de mon cœur » (v. 14) ?

---

1. Mon manteau.
2. Son manteau est tellement usé qu'il n'est plus qu'une apparence, une « idée ».

En sortant de l'école

En sortant de l'école
nous avons rencontré
un grand chemin de fer
qui nous a emmenés
5   tout autour de la terre
dans un wagon doré
Tout autour de la terre
nous avons rencontré
la mer qui se promenait
10 avec tous ses coquillages
ses îles parfumées
et puis ses beaux naufrages
et ses saumons fumés
Au-dessus de la mer
15 nous avons rencontré
la lune et les étoiles
sur un bateau à voiles
partant pour le Japon
et les trois mousquetaires des cinq doigts de la main
20 tournant la manivelle d'un petit sous-marin
plongeant au fond des mers
pour chercher des oursins
Revenant sur la terre
nous avons rencontré
25 sur la voie de chemin de fer
une maison qui fuyait
fuyait tout autour de la terre
fuyait tout autour de la mer
fuyait devant l'hiver
30 qui voulait l'attraper

>   Mais nous sur notre chemin de fer
>   on s'est mis à rouler
>   rouler derrière l'hiver
>   et on l'a écrasé
> 35   et la maison s'est arrêtée
>   et le printemps nous a salués
>   C'était lui le garde-barrière
>   et il nous a bien remerciés
>   et toutes les fleurs de toute la terre
> 40   soudain se sont mises à pousser
>   pousser à tort et à travers
>   sur la voie du chemin de fer
>   qui ne voulait plus avancer
>   de peur de les abîmer
> 45   Alors on est revenu à pied
>   à pied tout autour de la terre
>   à pied tout autour de la mer
>   tout autour du soleil
>   de la lune et des étoiles
> 50   À pied à cheval en voiture et en bateau à voiles.

Jacques PRÉVERT (1900-1977),
Histoires, Gallimard.

Repérer et comprendre

« Tout autour de la terre… » (v. 5)

1. a. Relevez tous les éléments rencontrés par les enfants au cours de leur voyage. **b.** Quels sont les moyens de transport évoqués ?
2. Relevez les répétitions et les verbes de mouvement dans le poème. Quel est l'effet produit ?
3. Pourquoi les voyageurs reviennent-ils à leur point de départ ?

TSIGANE

Dans la course effarée et sans but de ma vie
Dédaigneux des chemins déjà frayés, trop longs,
J'ai franchi d'âpres monts, d'insidieux vallons.
Ma trace avant longtemps n'y sera pas suivie.

5 Sur le haut des sommets que nul prudent n'envie,
Les fins clochers, les lacs, frais miroirs, les champs blonds
Me parlent des pays trop tôt quittés. Allons,
Vite ! vite ! en avant. L'inconnu m'y convie.

Devant moi, le brouillard recouvre les bois noirs.
10 La musique entendue en de limpides soirs
Résonne dans ma tête au rythme de l'allure.

Le matin, je m'éveille aux grelots du départ,
En route ! Un vent nouveau baigne ma chevelure,
Et je vais, fier de n'être attendu nulle part.

Charles CROS (1842-1888),
Le Coffret de santal.

Repérer et comprendre

1. Quels sont les paysages traversés par le poète ? Relevez les mots qui les caractérisent. Sont-ils mélioratifs ? péjoratifs ?
2. Le poète voyage-t-il en compagnie ? Relevez les expressions qui justifient votre choix.
3. Le poète regarde-t-il en arrière ? Revient-il en arrière ? Où va-t-il ? Désire-t-il poursuivre son voyage ? Pourquoi ? Citez le texte.
4. Pourquoi, selon vous, le poème a-t-il pour titre « Tsigane » ?
5. De quel voyage s'agit-il ?

Les Conquérants

Comme un vol de gerfauts hors du charnier natal,
Fatigués de porter leurs misères hautaines,
De Palos de Moguer, routiers[1] et capitaines
Partaient, ivres d'un rêve héroïque et brutal.

5 Ils allaient conquérir le fabuleux métal[2]
Que Cipango mûrit dans ses mines lointaines,
Et les vents alizés inclinaient leurs antennes[3]
Aux bords mystérieux du monde Occidental.

Chaque soir, espérant des lendemains épiques,
10 L'azur[4] phosphorescent de la mer des Tropiques
Enchantait leur sommeil d'un mirage doré ;

Ou penchés à l'avant des blanches caravelles[5],
Ils regardaient monter en un ciel ignoré
Du fond de l'Océan des étoiles nouvelles.

José Maria DE HEREDIA (1842-1905),
Les Trophées.

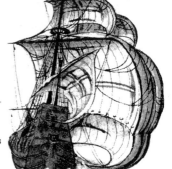

1. Soldats en quête de butin.
2. Il s'agit de l'or.
3. Longues pièces de bois qui soutiennent les voiles
4. Le ciel.
5. Navires à trois ou quatre mâts.

Théodore de Bry, « Christophe Colomb reçoit les présents du cacique Guacanagari à Hispanida

(Haïti)», gravure (XVIe siècle).

Se documenter

La découverte du Nouveau Monde
À la recherche de nouvelles routes maritimes pour acheminer l'or et les épices venus d'Inde, les Européens découvrent, au XVe siècle, l'Amérique.
En 1492, Christophe Colomb entreprend une première expédition au service du roi d'Espagne : il pense pouvoir ouvrir une route maritime vers l'Asie, en faisant route vers l'ouest et en passant par une mystérieuse île portée sur les cartes depuis 1424, « Cipango aux toits d'or » (le Japon), dont Marco Polo a parlé dans son *Livre des Merveilles ou Devisement du Monde*. Le 12 octobre 1492, croyant toucher la côte indienne, il débarque en fait aux Bahamas, un archipel de la côte américaine. Il fera ensuite trois autres voyages semblables sans savoir qu'il a découvert un nouveau continent.
En 1500, Amerigo Vespucci, conduisant une nouvelle expédition vers l'ouest, explore une côte qu'il baptise Venezuela (la petite Venise) et donne son prénom (Amerigo) au continent qu'il a découvert (Amérique). Commence ensuite la conquête du Nouveau Monde par les Conquistadores portugais et espagnols. L'Amérique du Sud livre dès lors au monde occidental ses fabuleux trésors accumulés par les Incas et les Aztèques (or, pierres précieuses, ornements sacrés) et ses richesses minières.

Repérer et comprendre

Les conquérants
1. a. Que signifie le mot « conquérants » (titre) ?
b. Par quels noms les conquérants sont-ils désignés ? Citez le texte.
c. Quel mot espagnol utilise-t-on habituellement pour les désigner ?
2. a. De quel port partaient « routiers et capitaines » (v. 3) ?
b. Où se situe-t-il ?
c. Pourquoi ce port est-il célèbre ?
3. « Comme un vol de gerfauts » (v. 1).
> Les gerfauts sont des oiseaux de proie élevés pour chasser le gibier. Dans l'art de la fauconnerie, les gerfauts sont considérés, avec les faucons, comme des oiseaux de proie nobles, contrairement à d'autres oiseaux dits non nobles ou ignobles, comme les éperviers.

Expliquez l'image de la première strophe, sachant que l'équipage de la *Santa Maria* était composé, pour la plupart, de condamnés à mort, graciés pour le voyage.

4. Dans les quatre vers de la première strophe, relevez les termes qui s'opposent.

	Nobles	Ignobles
Vers 1	gerfauts	
Vers 2		
Vers 3		routiers
Vers 4		

Le voyage
5. Quel est l'autre nom de Cipango (voir *Se documenter*, p. 46) ?
6. Après avoir recherché dans le dictionnaire le sens du mot « Occidental » (v. 8), dites quel cap a été choisi par les capitaines.
7. Que veut dire ici l'adjectif « mystérieux » (v. 8) ?

La conquête
8. a. « Le fabuleux métal » (v. 5) : que désigne cette périphrase ?
b. Quel est le radical de l'adjectif « fabuleux » (v. 5) ? Que signifie cet adjectif ?
9. a. Relevez le champ lexical des couleurs et des lumières.
b. Quel est le sens de l'expression « mirage doré » (v. 11) ?
c. À quel mot du poème renvoie-t-il ?
10. *L'alchimie.*
> Les alchimistes du Moyen Âge cherchaient à convertir des métaux sans valeur (tel le plomb) en or. Car, selon les récits de voyages en Extrême-Orient, on croyait que l'or naissait de la terre et qu'il était le produit d'une gestation lente ou de la transformation de métaux vulgaires.

À partir de cette explication, expliquez le choix du verbe « mûrir » (v. 6).
11. a. Relevez les verbes qui ont pour sujet les conquérants.
b. Quelle évolution notez-vous ?
12. Par quels mots ou expressions le rêve et l'espoir des navigateurs sont-ils évoqués ? Citez le texte.
13. Relevez, dans le second tercet, deux adjectifs qui évoquent un monde encore inconnu.

14. *Le rythme.*

> *Le rythme* est donné par le jeu des accents. L'accent porte sur la dernière syllabe d'un groupe de mots. Si la dernière syllabe est atone, l'accent porte sur l'avant-dernière syllabe.

a. Relevez le rythme des vers du dernier tercet en comptant le nombre de syllabes de chaque groupe de mots.
b. Quel lien pouvez-vous établir entre le rythme et l'image décrite dans ce dernier tercet ?

Écrire

Un journal de bord
15. Au cours de la traversée, un conquérant tient son journal de bord. Imaginez ce qu'il écrit le jour où, après de longs mois de navigation, il pose enfin pied à terre et découvre le Nouveau Monde.
16. Vous quittez la terre à bord d'un vaisseau spatial, à destination d'une mystérieuse planète, aux confins du système solaire. Pendant le voyage, vous tenez un journal de bord. Racontez.

Enquêter

Les grandes découvertes
17. *Les hommes.*
Recherchez les noms des grands navigateurs qui participèrent à la découverte du Nouveau Monde. Notez les dates des différents voyages et les terres découvertes.
18. *Une conquête brutale.*
José Maria de Heredia compare les conquérants à des oiseaux de proie. La vérité historique justifie-t-elle cette image ?
19. *Les civilisations précolombiennes.*
Quelles sont ces civilisations ? Pourquoi sont-elles appelées « précolombiennes » ? Justifiez votre réponse en vous appuyant sur l'étymologie de cet adjectif.
20. Observez la gravure reproduite pages 44-45.
a. Qui représente-t-elle ? À quel siècle a-t-elle été gravée ?
b. Comment l'artiste a-t-il traduit le contraste des civilisations ? À quels détails comprenez-vous qu'il s'agit de la représentation d'une conquête ?

La Frégate « La Sérieuse »
ou La Plainte du Capitaine

Qu'elle était belle, ma Frégate[1],
Lorsqu'elle voguait dans le vent !
Elle avait, au soleil levant,
Toutes les couleurs de l'agate[2] ;
5 Ses voiles luisaient le matin
Comme des ballons de satin ;
Sa quille mince, longue et plate,
Portait deux bandes d'écarlate[3]
Sur vingt-quatre canons cachés ;
10 Ses mâts, en arrière penchés,
Paraissaient à demi couchés.
Dix fois plus vive qu'un pirate,
En cent jours du Havre[4] à Surate[5]
Elle nous emporta souvent.
15 — Qu'elle était belle, ma Frégate,
Lorsqu'elle voguait dans le vent ! [...]

Alfred DE VIGNY (1797-1863), *Poèmes antiques et modernes.*

Repérer et comprendre

1. Quel est le mètre utilisé ? Quelle est la disposition des rimes ?
2. a. Quel type de phrases ouvre et clôt le poème ? Quel est l'effet produit ? **b.** Quelle est la valeur du possessif « ma » (v. 1 et 15) ?
3. a. Comment s'organise la description ? Quels éléments de la frégate sont décrits ? **b.** Relevez les mots et expressions qui caractérisent la frégate. Sont-ils mélioratifs ou péjoratifs ?

---

1. Navire de guerre.
2. Pierre précieuse laiteuse aux teintes contrastées.
3. Tissu d'un rouge éclatant.
4. Port français.
5. Port situé sur la côte occidentale de l'Inde.

Le Port

Toute la mer va vers la ville !

Son port est surmonté d'un million de croix :
Vergues[1] transversales barrant de grands mâts droits.

Son port est pluvieux de suie à travers brumes,
5 Où le soleil comme un œil rouge et colossal larmoie[2].

Son port est ameuté[3] de steamers[4] noirs qui fument
Et mugissent, au fond du soir, sans qu'on les voie.

Son port est fourmillant et musculeux de bras
Perdus en un fouillis dédalien d'amarres[5].

10 Son port est tourmenté de chocs et de fracas
Et de marteaux tonnant dans l'air leurs tintamarres.

Toute la mer va vers la ville !

Les flots qui voyagent comme les vents,
Les flots légers, les flots vivants,
15 Pour que la ville en feu l'absorbe et le respire
Lui rapportent le monde en leurs navires.
Les Orients et les Midis tanguent vers elle

---

1. Pièces de bois soutenant les voiles.
2. Fait couler des larmes.
3. Rassemble en une foule désordonnée.
4. Navires à vapeur.
5. Cordages servant à retenir les bateaux au port.

Et les Nords blancs et la folie universelle
Et tous nombres dont le désir prévoit la somme.
20 Et tout ce qui s'invente et tout ce que les hommes
Tirent de leurs cerveaux puissants et volcaniques
Tend vers elle, cingle vers elle et vers ses luttes :
Elle est le brasier d'or des humaines disputes,
Elle est le réservoir des richesses uniques
25 Et les marins naïfs peignent son caducée[6]
Sur leur peau rousse et crevassée,
À l'heure où l'ombre emplit les soirs océaniques.

Toute la mer va vers la ville ! [...]

Émile VERHAEREN (1855-1916),
Les Villes tentaculaires, Gallimard.

Repérer et comprendre

1. Quelles remarques faites-vous sur la mise en espace du poème (nombre de vers par strophe, blancs dans la page...) ?

2. Relevez l'anaphore dans les vers 2 à 11. Quel est l'effet produit ?

3. a. Qu'est-ce qu'un distique ? Combien de distiques relevez-vous dans ce poème ? Situez-les.

b. Relevez, dans ces distiques, les comparaisons et métaphores et expliquez-les (voir p. 20 et 54). Puis relevez les mots ou expressions appartenant au champ lexical des bruits, des formes, des couleurs.

c. « Un fouillis dédalien d'amarres » (v. 9). À partir de quel mot a été formé l'adjectif « dédalien » ? Que signifie cet adjectif ?

d. Quel est l'effet produit par l'ensemble des éléments observés dans les questions 3b, 3c et 3d ?

4. a. Quel est le refrain du poème ?

b. Relevez, dans la dernière strophe (v. 13-27), les mots ou expressions qui illustrent ce refrain.

c. En quoi la ville s'enrichit-elle de la mer ? Citez le texte.

---

6. Dessin peint ou tatoué qui symbolise la ville.

DÉPART

Un paquebot dans sa chaudière
Brûle les chaînes de la terre.

Mille émigrants sur les trois ponts
N'ont qu'un petit accordéon.

5 On hisse l'ancre, dans ses bras
Une sirène se débat

Et plonge en mer si offensée
Qu'elle ne se voit pas blessée.

Grandit la voix de l'Océan
10 Qui rend les désirs transparents.

Les mouettes font diligence
Pour qu'on avance, qu'on avance.

Le large monte à bord, pareil
À un aveugle aux yeux de sel.

15 Dans l'espace avide, il s'élève
Lentement au mât de misaine.

Jules SUPERVIELLE (1884-1960),
Gravitations, Gallimard.

Repérer et comprendre

La mise en espace

1. Quelles remarques faites-vous sur la mise en page de ce poème (nombre de strophes, nombre des vers par strophes) et sur la ponctuation ?

2. Quel est le mètre utilisé ?

Roger Broders, affiche pour la compagnie P.L.M. (Paris – Lyon – Méditerranée).

Le paquebot
3. a. Recherchez l'étymologie du mot « paquebot ».
b. Cherchez dans une encyclopédie le plan d'un paquebot. Que sont « les trois ponts » (v. 3) ? Qu'est-ce que le « mât de misaine » (v. 16) ?

Les personnages
4. Qui sont les passagers de ce paquebot ? Combien sont-ils ? Quel est leur seul bagage ? Pourquoi l'ont-ils emporté selon vous ?
5. *La métaphore.*

> *La métaphore* met en relation deux éléments, le comparé et le comparant, sans outil de comparaison (voir p. 20).
> Ex. : « les *chaînes* de la *terre* » (v. 2).
>   COMPARANT   COMPARÉ

Quel élément commun y a-t-il entre le comparant et le comparé, dans la métaphore citée ci-dessus en exemple ?
6. a. Rappelez vos souvenirs de la classe de sixième : qui étaient les sirènes dans la mythologie grecque ?
b. Expliquez la métaphore de la sirène (v. 5 à 8). Quel est l'effet produit ?

Le large
7. Relevez un sujet inversé. Quel est l'effet produit ?
8. « Les désirs transparents » (v. 10).
Au fur et à mesure que le bateau s'éloigne, quel sentiment éprouvent les personnages ? Quel adjectif y fait écho dans les deux derniers vers ?
9. À qui est comparé le large ? Comment expliquez-vous cette comparaison ?
10. Roulis ou tangage ? Quel mouvement du navire est évoqué dans les deux derniers distiques (v. 13 à 16) ?
11. Quel verbe est répété deux fois dans le même vers ? Quel est l'effet produit ?
12. À partir de toutes vos réponses, dites si le départ évoqué est un départ heureux.

Dire la poésie

13. Travaillez la diction du poème.
a. Tenez compte du « e » muet devant une consonne (voir p. 11), des liaisons, du rythme (voir p. 48)...

b. Mettez en évidence les assonances (voir p. 24) et les allitérations (voir p. 13), notamment les répétitions de voyelles nasales.
c. Apprenez ce poème de Supervielle et présentez-le devant la classe.

Écrire

14. Imaginez une soirée sur le pont des émigrants. L'accordéon évoque la terre natale… Vous rapporterez les dialogues.

15. «Partir…»: qu'évoque ce mot pour vous?

Poètes en herbe
16. À la manière de Jules Supervielle, composez un court poème de huit vers, disposés en distiques, sur le thème très contemporain du terminal (port, aéroport, gare ou terminal Internet).

Enquêter

Les paquebots
17. Qui étaient les «passagers de pont» sur les paquebots transatlantiques, au début du siècle? Où allaient-ils? Dans quel but? De quels pays venaient-ils en général?

Lire l'image (p. 53)

Voir
18. D'où voyez-vous la scène?
19. Percevez-vous l'effet de «plongée»? Justifiez votre réponse.
20. Repérez l'activité humaine. De quelle activité s'agit-il?
21. Comment le mouvement est-il suggéré?

Comprendre
22. À partir des figures géométrique suivantes, classez les éléments qui composent l'affiche.

Verticales	Horizontales	Obliques	Cylindres	Cônes

23. Quels sont les sites architecturaux que l'artiste a choisis pour symboliser la ville de Marseille à l'arrière-plan ?

24. Cette affiche publicitaire est accompagnée d'une légende qui n'a pas été reproduite. Imaginez une légende qui pourrait convenir.

Rechercher

25. Le premier plan représente la superstructure stylisée d'un paquebot. Recherchez, dans une encyclopédie, le vocabulaire qui vous permet de décrire cette superstructure.

26. Que signifient les initiales, en haut, à droite de l'affiche ? Quelle est la clientèle visée ?

Comparer

DÉPART

L'horizon s'incline
*   Les jours sont plus longs*
*   Voyage*
*   Un cœur saute dans une cage*
5   *Un oiseau chante*
*   Il va mourir*
Une autre porte va s'ouvrir
*   Au fond du couloir*
*   Où s'allume*
10   *Une étoile*
Une femme brune
*   La lanterne du train qui part*

Pierre Reverdy (1889-1960),
Les Ardoises du toit, Flammarion.

27. a. Quel moyen de transport est évoqué dans ce poème ?

b. Comment le départ est-il vécu dans les deux poèmes : avec joie ou avec nostalgie ? Justifiez votre réponse.

28. a. Quelles remarques faites-vous sur la mise en page ?

b. Traditionnellement, on lit de haut en bas. Amusez-vous à lire ce poème autrement (de bas en haut, par exemple). Que constatez-vous ?

« Heureux qui, comme Ulysse... »

Heureux qui, comme Ulysse, a fait un beau voyage,
Ou comme cestui-là[1] qui conquit la toison[2],
Et puis est retourné, plein d'usage[3] et raison,
Vivre entre ses parents le reste de son âge[4] !

5 Quand reverrai-je, hélas ! de mon petit village
Fumer la cheminée, et en quelle saison
Reverrai-je le clos de ma pauvre maison,
Qui m'est une province[5], et beaucoup davantage ?

Plus me plaît le séjour qu'ont bâti mes aïeux
10 Que des palais romains le front[6] audacieux ;
Plus que le marbre dur me plaît l'ardoise fine,

Plus mon Loire[7] gaulois que le Tibre[8] latin,
Plus mon petit Liré[9] que le mont Palatin[10],
Et plus que l'air marin la douceur angevine.

Joachim Du Bellay (1522-1560),
Les Regrets, XXXI.

---

1. Celui-là.
2. Le héros antique Jason a conquis la Toison d'or, suspendue à un arbre dans un bois sacré et gardée par un dragon.
3. D'expérience.
4. Sa vie.
5. Un pays entier.
6. Fronton.
7. La Loire : en latin, *Liger* est masculin.
8. Fleuve qui traverse Rome.
9. Village natal de Du Bellay, en Anjou.
10. Célèbre colline de Rome, située entre le Tibre et le Forum.

Enquêter

Un poète à Rome

1. Recherchez les dates du séjour de Du Bellay à Rome.
2. Quelles fonctions exerçait-il ?
3. Quels indices, dans ce sonnet, nous invitent à penser qu'il a été composé pendant ce séjour ?

Repérer et comprendre

4. Observez les strophes. De quelle forme poétique s'agit-il ?
5. Quels personnages sont évoqués dans le premier quatrain ? Pourquoi sont-ils célèbres ? Pourquoi le poète les envie-t-il ?
6. Relevez les mots et expressions qui caractérisent le village natal de Du Bellay. Y a-t-il un décalage entre l'importance que lui donne le poète et la réalité ? Justifiez votre réponse.
7. **a.** Lisez les vers 9 à 14 en supprimant les inversions. Ces inversions permettent-elles une mise en valeur de la ville de Rome ou du village natal de Du Bellay ? Justifiez votre réponse.
b. Classez les expressions qui s'opposent dans un tableau.

	Rome	Village natal
Architecture		
Paysage		
Atmosphère		

8. *Les rimes.*

> Les *rimes féminines* se terminent par un « e » muet (voir p. 11) : ce sont des rimes légères. Les autres rimes, plus marquées, sont dites *rimes masculines*.

Distinguez dans les vers 11-14 les rimes masculines et les rimes féminines. Classez-les selon qu'elles caractérisent Rome ou le pays natal. Que constatez-vous ?

9. À partir de vos réponses, dites quel est le sentiment du poète à l'égard de son pays natal.
10. Le séjour romain de Du Bellay fut-il agréable ? Illustrez votre réponse en rapprochant les deux sonnets du poète : « Heureux qui comme Ulysse... » et « J'aime la liberté » (voir p. 63).

Le Loup et le Chien

    Un Loup n'avait que les os et la peau,
    Tant les chiens faisaient bonne garde.
Ce Loup rencontre un Dogue aussi puissant que beau,
   Gras, poli, qui s'était fourvoyé[1] par mégarde.
5   L'attaquer, le mettre en quartiers,
       Sire Loup l'eût fait volontiers.
       Mais il fallait livrer bataille,
       Et le Mâtin était de taille
        À se défendre hardiment.
10   Le Loup donc l'aborde humblement,
    Entre en propos[2], et lui fait compliment
      Sur son embonpoint, qu'il admire.
      « Il ne tiendra qu'à vous, beau Sire,
D'être aussi gras que moi, lui repartit le chien.
15   Quittez les bois, vous ferez bien :
      Vos pareils y sont misérables,
      Cancres, hères, et pauvres diables[3],
   Dont la condition[4] est de mourir de faim.
   Car quoi ? Rien d'assuré : point de franche lippée[5] :
20   Tout à la pointe de l'épée.
Suivez-moi : vous aurez un bien meilleur destin. »
   Le Loup reprit : « Que me faudra-t-il faire ?
– Presque rien, dit le chien, donner la chasse aux gens
     Portant bâtons, et mendiants ;
25 Flatter ceux du logis, à son maître complaire ;
     Moyennant quoi votre salaire
Sera force reliefs[6] de toutes les façons :
      Os de poulets, os de pigeons :
      Sans parler de mainte caresse. »

---

1. Qui s'était perdu.
2. Lui adresse la parole.
3. Mendiants, pauvres.
4. Le sort, la destinée.
5. Bon repas qui ne coûte rien.
6. Restes des plats servis à table.

30 Le Loup déjà se forge une félicité
        Qui le fait pleurer de tendresse.
    Chemin faisant il vit le col[7] du chien pelé :
    « Qu'est-ce là ? lui dit-il. – Rien. – Quoi ? rien ? – Peu de chose.
    – Mais encor ? – Le collier dont je suis attaché
35 De ce que vous voyez est peut-être la cause.
        – Attaché ? dit le Loup : vous ne courez donc pas
        Où vous voulez ? – Pas toujours, mais qu'importe ?
    – Il importe si bien, que de tous vos repas
        Je ne veux en aucune sorte ;
40 Et ne voudrais pas même à ce prix un trésor. »
    Cela dit, Maître Loup s'enfuit, et court encor.

Jean DE LA FONTAINE (1621-1695),
Fables, Livre I, 5.

---

7. Le cou.

Repérer et comprendre

Les personnages

1. Relevez les mots et expressions qui caractérisent le loup et le chien (v. 1 à 4). Lequel des deux paraît avoir l'avantage ? Justifiez votre réponse.
2. Où peut se trouver le chien ? Citez le texte.
3. Par quels autres noms le chien est-il désigné dans la fable (v. 3 à 9) ?
4. a. Que signifie l'expression « le mettre en quartiers » (v. 5) ?
b. Quelle est la première intention du loup lorsqu'il rencontre le chien ?
c. Pourquoi y renonce-t-il ?

Le face à face

5. Qui engage la conversation ?
6. Qualifiez l'attitude du loup vis-à-vis du chien à l'aide de deux ou trois adjectifs.
7. Qui parle le plus : le loup ou le chien ? Justifiez votre réponse en vous appuyant sur leurs temps de paroles respectifs.

Les arguments du chien

8. a. Repérez les vers correspondant à l'argumentation du chien.
b. Par quels signes typographiques son discours est-il repérable ?
c. Les paroles sont-elles rapportées directement ou indirectement ?
d. Repérez les propositions incises qui identifient les interlocuteurs.
9. a. Que propose le chien au loup ?
b. Que dit le chien de la vie des loups ? Citez le texte. Le vocabulaire employé est-il mélioratif ou péjoratif ?
c. Que dit le chien de la vie des chiens ? Classez le vocabulaire.
10. Relevez les verbes à l'impératif présent et à l'indicatif futur. En quoi soulignent-ils l'habileté persuasive du chien ?
11. Quels sont les termes de l'échange que propose le chien ? Classez le vocabulaire dans un tableau à deux colonnes : la tâche et le salaire. Vous préciserez le mode des verbes employés.

Le coup de théâtre

12. Que signifie l'expression « se forge une félicité » (v. 30) ? Que pense le loup après le discours du chien ? Justifiez votre réponse.
13. Quel détail attire l'attention du loup ? Quelle est la raison de son inquiétude ?

14. En quoi la longueur des répliques du chien (v. 33-37) contraste-t-elle avec ses propos précédents ? Pourquoi, selon vous ?
15. Quels mots ou expressions sont mis en valeur aux vers 36-37 ? De quelle façon ?

La réaction du loup
16. À quel prix le chien est-il « un Dogue aussi puissant que beau » (v. 3) ?
17. a. Le loup s'enfuit. Pourquoi ?
b. Quelle est la valeur du présent au dernier vers ?
18. Qui, selon vous, a l'avantage à la fin de la fable ?

La visée
19. En quoi consiste le bonheur du chien ? En quoi consiste celui du loup ?
20. Que symbolise le collier du chien ?
21. Rédigez la morale qui pourrait convenir à cette fable.
22. À votre avis, à qui, du loup ou du chien, va la sympathie de La Fontaine ?

Enquêter

La vie de Jean de La Fontaine
23. La Fontaine a eu de riches et puissants protecteurs : qui étaient-ils ?

Débattre

24. Dans cette fable, le loup considère la liberté comme plus précieuse que le confort matériel. Qu'en pensez-vous ? Recherchez des arguments que vous exploiterez au cours du débat. (Pour préparer ce travail, lisez l'histoire de *La Chèvre de Monsieur Seguin* d'Alphonse Daudet, dans *Les Lettres de mon moulin* et documentez-vous au CDI.)
25. Sédentaire ou nomade ? Quel style de vie préférez-vous ? Préparez vos arguments pour un débat en classe.

« J'AIME LA LIBERTÉ... »

J'aime la liberté, et languis en service,
Je n'aime point la Cour, et me faut courtiser,
Je n'aime la feintise, et me faut déguiser,
J'aime simplicité, et n'apprends que malice ;

5 Je n'adore les biens, et sers à l'avarice,
Je n'aime les honneurs, et me faut les priser[1],
Je veux garder ma foi et me la faut briser,
Je cherche la vertu, et ne trouve que vice ;

Je cherche le repos, et trouver ne le puis,
10 J'embrasse le plaisir, et n'éprouve qu'ennuis,
Je n'aime à discourir, en raison je me fonde ;

J'ai le corps maladif, et me faut voyager,
Je suis né pour la Muse, on me fait ménager[2],
Ne suis-je pas, Morel[3], le plus chétif du monde ?

Joachim Du Bellay (1522-1560),
Les Regrets, XXXIX.

Repérer et comprendre

1. De quelle forme de poème s'agit-il ?
2. Qui parle ? À qui ?
3. Relevez les oppositions et les anaphores. Quel est l'effet produit ?
4. Expliquez l'expression : « Je suis né pour la Muse » (v. 13).
5. Quelle est la visée de ce poème ?
6. Comparez ce poème avec la fable *Le Loup et le Chien* (p. 59).

---

1. Les aimer.
2. Gérer les dépenses.
3. Il s'agit de Frédéric Morel, l'imprimeur de l'édition originale des *Regrets*, en 1558.

LIBERTÉ

Sur mes cahiers d'écolier
Sur mon pupitre et les arbres
Sur le sable sur la neige
J'écris ton nom

5 Sur toutes les pages lues
Sur toutes les pages blanches
Pierre sang papier ou cendre
J'écris ton nom

Sur les images dorées
10 Sur les armes des guerriers
Sur la couronne des rois
J'écris ton nom

Sur la jungle et le désert
Sur les nids sur les genêts
15 Sur l'écho de mon enfance
J'écris ton nom

Sur les merveilles des nuits
Sur le pain blanc des journées
Sur les saisons fiancées
20 J'écris ton nom

Sur tous mes chiffons d'azur
Sur l'étang soleil moisi
Sur le lac lune vivante
J'écris ton nom

25 Sur les champs sur l'horizon
Sur les ailes des oiseaux
Et sur le moulin des ombres
J'écris ton nom

Sur chaque bouffée d'aurore
30 Sur la mer sur les bateaux
Sur la montagne démente
J'écris ton nom

Sur la mousse des nuages
Sur les sueurs de l'orage
35 Sur la pluie épaisse et fade
J'écris ton nom

Sur les formes scintillantes
Sur les cloches des couleurs
Sur la vérité physique
40 J'écris ton nom

Sur les sentiers éveillés
Sur les routes déployées
Sur les places qui débordent
J'écris ton nom

45 Sur la lampe qui s'allume
Sur la lampe qui s'éteint
Sur mes maisons réunies
J'écris ton nom

Sur le fruit coupé en deux
50 Du miroir et de ma chambre
Sur mon lit coquille vide
J'écris ton nom

Sur mon chien gourmand et tendre
Sur ses oreilles dressées
55 Sur sa patte maladroite
J'écris ton nom

Sur le tremplin de ma porte
Sur les objets familiers
Sur le flot du feu béni
60 J'écris ton nom

Sur toute chair accordée
Sur le front de mes amis
Sur chaque main qui se tend
J'écris ton nom

65 Sur la vitre des surprises
Sur les lèvres attentives
Bien au-dessus du silence
J'écris ton nom

Sur mes refuges détruits
70 Sur mes phares écroulés
Sur les murs de mon ennui
J'écris ton nom

Sur l'absence sans désir
Sur la solitude nue
75 Sur les marches de la mort
J'écris ton nom

Sur la santé revenue
Sur le risque disparu
Sur l'espoir sans souvenir
80 J'écris ton nom

Et par le pouvoir d'un mot
Je recommence ma vie
Je suis né pour te connaître
Pour te nommer

85 Liberté.

Paul ÉLUARD (1895-1952),
Poésie et Vérité, Éditions de Minuit.

Repérer et comprendre

1. Qui parle ? À qui ?
2. Quels sont les âges de la vie du poète évoqués ici ? Les temps « lumineux » et les temps « sombres » ?
3. Relevez les images et classez-les selon qu'elles évoquent : la nature, l'enfance, l'amitié, l'intimité familiale, la tristesse, l'espoir.

TROISIÈME PARTIE

Des animaux et des hommes

L'astre calme descend vers l'horizon en feu...
Lentement, un lion vient se camper, superbe!
Jules Laforgue

Eugène Delacroix, « Tête de lion rugissant » (1833-1835).

LA CHENILLE

Le travail mène à la richesse.
Pauvres poètes, travaillons !
La chenille en peinant sans cesse
Devient le riche papillon.

LA MÉDUSE

Méduses, malheureuses têtes
Aux chevelures violettes
Vous vous plaisez dans les tempêtes,
Et je m'y plais comme vous faites.

Guillaume APOLLINAIRE (1880-1918),
Le Bestiaire, Gallimard.

Repérer et comprendre

1. Définissez la situation d'énonciation pour chacun de ces deux poèmes (qui parle ? à qui ?).
2. Qu'ont de commun la chenille et la méduse avec le poète ?
3. « Vous vous plaisez dans les tempêtes » (*La Méduse,* v. 3) : imaginez ce que sont ces tempêtes pour le poète.

Les Colombes

Sur le coteau, là-bas où sont les tombes,
Un beau palmier, comme un panache vert,
Dresse sa tête, où le soir les colombes
Viennent nicher et se mettre à couvert.

5 Mais le matin elles quittent les branches :
Comme un collier qui s'égrène, on les voit
S'éparpiller dans l'air bleu, toutes blanches,
Et se poser plus loin sur quelque toit.

Mon âme est l'arbre où tous les soirs, comme elles,
10 De blancs essaims de folles visions
Tombent des cieux, en palpitant des ailes,
Pour s'envoler dès les premiers rayons.

Théophile GAUTIER (1811-1872),
La Comédie de la mort.

Repérer et comprendre

1. a. Relevez les comparaisons et les métaphores du texte.
b. Quels sont, pour chacune d'elles, le comparant, le comparé et l'élément commun (voir p. 20 et 54) ?
2. Quels sentiments éprouve le poète ?

Écrire

3. À la manière du poète, exprimez ce que sont vos pensées, vos espoirs et vos craintes, en utilisant une métaphore ou une comparaison.

« Fourmis, fourmis... »

Fourmis, fourmis –
Pas si fourmis que ça,

Ces gens qui vont,
Qui courent, se faufilent,
5 Qui se frôlent, s'entassent.

Ou c'est que les fourmis
Ne sont pas ce qu'on dit.

Car dans les gens d'ici,
Prétendument fourmis,

10 Ça rêve bougrement.

Eugène Guillevic (né en 1907),
Ville, Gallimard.

Repérer et comprendre

1. Relevez les subordonnées relatives et les verbes d'action. Quel effet produit cette énumération ?
2. a. Quelles similitudes présentent les gens avec les fourmis ?
b. Où s'arrête la ressemblance ? Citez le texte.

Écrire

3. Imaginez les rêves de « Ces gens qui vont,/Qui courent... » (v. 3-4).

Le Lièvre et la Tortue

    Rien ne sert de courir; il faut partir à point.
    Le Lièvre et la Tortue en sont un témoignage.
    « Gageons[1], dit celle-ci, que vous n'atteindrez point
    Sitôt que moi ce but. — Sitôt? Êtes-vous sage?
5   Repartit l'animal léger.
          Ma commère, il vous faut purger[2]
          Avec quatre grains d'ellébore[3].
          — Sage ou non, je parie encore. »
          Ainsi fut fait: et de tous deux
10   On mit près du but les enjeux:
          Savoir quoi, ce n'est pas l'affaire,
          Ni de quel juge l'on convint.
    Notre Lièvre n'avait que quatre pas à faire;
    J'entends de ceux qu'il fait lorsque prêt d'être atteint
15   Il s'éloigne des chiens, les renvoie aux Calendes[4],
          Et leur fait arpenter les landes.
    Ayant, dis-je, du temps de reste pour brouter,
          Pour dormir, et pour écouter
          D'où vient le vent, il laisse la Tortue
20   Aller son train[5] de Sénateur.
          Elle part, elle s'évertue;
          Elle se hâte avec lenteur.
    Lui cependant méprise une telle victoire,
          Tient la gageure à peu de gloire,
25   Croit qu'il y va de son honneur
          De partir tard. Il broute, il se repose,
          Il s'amuse à toute autre chose

---

1. Parions.
2. Se débarrasser des substances qui rendent malade en absorbant un médicament.
3. Plante vivace qui passait autrefois pour guérir la folie.
4. Premier jour du mois dans le calendrier romain. Renvoyer aux calendes grecques, c'est remettre à une époque qui n'arrivera pas puisque les mois grecs n'ont pas de Calendes.
5. Son allure.

    Qu'à la gageure. À la fin quand il vit
    Que l'autre touchait presque au bout de la carrière,
30 Il partit comme un trait ; mais les élans qu'il fit
    Furent vains : la Tortue arriva la première.
    Eh bien ! lui cria-t-elle, avais-je pas raison ?
        De quoi vous sert votre vitesse ?
        Moi, l'emporter ! et que serait-ce
35   Si vous portiez une maison ?

                Jean DE LA FONTAINE (1621-1695),
                          Fables, Livre VI, 10.

LA TORTUE

    Je suis la tortue aux neuf malices
    Et quand je me traîne
    Sous les troncs d'arbres
    Toute la faune
5 De la forêt natale en émoi
    Rit de moi :
        Koukoutou-Bouem
    Ainsi se traîne la tortue.

    Irritée par les rires
10 De l'agile lièvre olympien
    Je le défiais pourtant
    Et malgré ses titres de gloire
    Pour une course épique
        Koukoutou-Bouem
15 Ainsi se traîne la tortue.

    Moi dit le lièvre
    Qui ai hanté
    Des saisons durant
    Toutes les pistes de l'univers
20 Et dont l'emblème est tissé
    Le premier sur tous les podiums

Vais-je me rabaisser
À rencontrer la tortue
Qui se déplace aussi vite qu'une ancre
25 En acceptant son défi.
            Koukoutou-Bouem
Ainsi se traîne la tortue.

Finalement le départ fut donné
Et après une course follement
30 Menée par le lièvre
On le retrouva écumant
Loin ! Bien loin du but
La tortue avait bien gagné

En se traînant « Koukoutou-Bouem ».
35 Ah ! Ah ! dit-elle au lièvre :
Avoir de bonnes jambes ne suffit pas
Il faut aussi un rien de cervelle
C'est ce qui t'a trahi
N'oublie pas que rien ne sert de courir
40 Il faut partir à point
Et la force seule
Ne justifie pas les moyens
            Koukoutou-Bouem
Ainsi se traîne la tortue aux neuf malices.

Elolongue EPANYA YONDO (1930-1998),
Kamerun ! Kamerun ! Présence africaine.

Comparer

1. a. Qui est l'énonciateur dans *Le Lièvre et la Tortue* ?
b. Qui est l'énonciateur dans *La Tortue* ?
2. a. Quelle est l'histoire racontée dans ces deux textes ? Est-ce la même ?
b. Quel épisode est passé sous silence dans le texte d'Epanya Yondo ?
3. a. Repérez dans ces textes la morale : à quel endroit est-elle placée ?
b. Pourquoi peut-on dire que la tortue africaine d'Epanya Yondo paraît avoir lu la fable de La Fontaine ? Le lièvre en a-t-il tiré le même profit ?

La Mort du Loup

I

   Les nuages couraient sur la lune enflammée
Comme sur l'incendie on voit fuir la fumée,
Et les bois étaient noirs jusques à l'horizon.
Nous marchions, sans parler, dans l'humide gazon,
5 Dans la bruyère épaisse, et dans les hautes brandes[1],
Lorsque, sous des sapins pareils à ceux des Landes,
Nous avons aperçu les grands ongles marqués
Par les loups voyageurs que nous avions traqués.
Nous avons écouté, retenant notre haleine
10 Et le pas suspendu. – Ni les bois ni la plaine
Ne poussaient un soupir dans les airs ; seulement
La girouette en deuil criait au firmament[2] ;
Car le vent, élevé bien au-dessus des terres,
N'effleurait de ses pieds que les tours solitaires,
15 Et les chênes d'en bas, contre les rocs penchés,
Sur leurs coudes semblaient endormis et couchés.
Rien ne bruissait donc, lorsque, baissant la tête,
Le plus vieux des chasseurs qui s'étaient mis en quête
A regardé le sable attendant, à genoux,
20 Qu'une étoile jetât quelque lueur sur nous ;
Puis, tout bas, a juré que ces marques récentes
Annonçaient la démarche et les griffes puissantes
De deux grands Loups-cerviers et de deux Louveteaux.
Nous avons tous alors préparé nos couteaux,
25 Et, cachant nos fusils et leurs lueurs trop blanches,
Nous allions, pas à pas, en écartant les branches.

   Trois s'arrêtent, et moi, cherchant ce qu'ils voyaient,
J'aperçois tout à coup deux yeux qui flamboyaient,

---

1. Zone inculte couverte de buissons bas.   **2.** Au ciel.

    Et je vois au-delà quatre formes légères
30 Qui dansaient sous la lune au milieu des bruyères,
    Comme font chaque jour, à grand bruit, sous nos yeux,
    Quand le maître revient, les lévriers[3] joyeux.
    L'allure était semblable et semblable la danse ;
    Mais les enfants du Loup se jouaient en silence,
35 Sachant bien qu'à deux pas, ne dormant qu'à demi,
    Se couche dans ses murs l'homme, leur ennemi.

    Le Père était debout, et plus loin, contre un arbre,
    Sa Louve reposait, comme celle de marbre
    Qu'adoraient les Romains, et dont les flancs velus
40 Couvaient les demi-dieux Rémus et Romulus.
    — Le Loup vient et s'assied, les deux jambes dressées
    Par leurs ongles crochus dans le sable enfoncées.
    Il s'est jugé perdu, puisqu'il était surpris,
    Sa retraite coupée et tous ses chemins pris ;
45 Alors il a saisi, dans sa gueule brûlante,
    Du chien le plus hardi la gorge pantelante,
    Et n'a pas desserré ses mâchoires de fer,
    Malgré nos coups de feu qui traversaient sa chair
    Et nos couteaux aigus qui, comme des tenailles,
50 Se croisaient en plongeant dans ses larges entrailles,
    Jusqu'au dernier moment où le chien étranglé,
    Mort longtemps avant lui, sous ses pieds a roulé.
    Le Loup le quitte alors et puis il nous regarde.
    Les couteaux lui restaient au flanc jusqu'à la garde,
55 Le clouaient au gazon tout baigné dans son sang ;
    Nos fusils l'entouraient en sinistre croissant.
    Il nous regarde encore, ensuite il se recouche,
    Tout en léchant le sang répandu sur sa bouche,
    Et, sans daigner savoir comment il a péri,
60 Refermant ses grands yeux, meurt sans jeter un cri.

---

3. Chiens de chasse.

II

J'ai reposé mon front sur mon fusil sans poudre,
Me prenant à penser, et n'ai pu me résoudre
À pousuivre sa Louve et ses fils, qui, tous trois,
Avaient voulu l'attendre, et, comme je le crois,
65 Sans ses deux Louveteaux la belle et sombre veuve
Ne l'eût pas laissé seul subir la grande épreuve ;
Mais son devoir était de les sauver, afin
De pouvoir leur apprendre à bien souffrir de faim,
À ne jamais entrer dans le pacte des villes
70 Que l'homme a fait avec les animaux serviles
Qui chassent devant lui, pour avoir le coucher,
Les premiers possesseurs du bois et du rocher.

III

Hélas ! ai-je pensé, malgré ce grand nom d'Hommes,
Que j'ai honte de nous, débiles que nous sommes !
75 Comment on doit quitter la vie et tous ses maux,
C'est vous qui le savez, sublimes animaux !

À voir ce que l'on fut sur terre et ce qu'on laisse,
Seul le silence est grand : tout le reste est faiblesse.
— Ah ! je t'ai bien compris, sauvage voyageur,
80 Et ton dernier regard m'est allé jusqu'au cœur !
Il disait : « Si tu peux, fais que ton âme arrive,
À force de rester studieuse et pensive,
Jusqu'à ce haut degré de stoïque fierté
Où, naissant dans les bois, j'ai tout d'abord monté.

85 Gémir, pleurer, prier est également lâche.
— Fais énergiquement ta longue et lourde tâche
Dans la voie où le Sort a voulu t'appeler,
Puis après, comme moi, souffre et meurs sans parler. »
      Écrit au château du M***, 1843.

Alfred DE VIGNY (1797-1863), *Les Destinées*.

Repérer et comprendre

Le narrateur
1. a. Vers 1 à 60, qui parle ?
b. Qui représente le « nous » (v. 4), le « je » (v. 28) ? Le narrateur est-il un des personnages de l'histoire ?

La chronologie
2. Relevez les indicateurs temporels qui rythment la première partie du poème (v. 1 à 60).
3. Remettez dans l'ordre les étapes successives qui composent la première partie du poème (v. 1 à 60) et notez entre parenthèses les vers correspondants : *la bataille du loup et du chien ; la découverte des animaux ; la préparation de la capture ; le repérage des traces ; le regard du loup vers les chasseurs ; l'identification des traces ; la mort du loup.*

Le cadre
4. Vers 1 à 16, relevez les notations visuelles (formes, lumières, couleurs) qui campent le décor.
5. Observez la comparaison qui ouvre le poème, vers 1-2.
a. Relevez les comparants et les comparés et précisez les éléments communs (voir p. 20). **b.** Quelle atmosphère est ici suggérée ?
6. a. Si les notations visuelles sont nombreuses, qu'en est-il des notations sonores (vers 1 à 17) ? **b.** Quel bruit est évoqué ? **c.** Aux vers 10 et 11, repérez les négations : quel mot est mis en valeur par l'enjambement ? Quel est l'effet produit ?
7. Quelle tonalité donne au poème le mot « deuil », dès le vers 12 ?

Les chasseurs
8. Relevez les mots ou expressions qui appartiennent au champ lexical de la chasse.
9. Quels gestes caractérisent l'attitude des chasseurs ? Citez le texte.

Les loups (v. 27-40)
10. *La personnification.*
> Il y a *personnification* lorsque l'on prête à des animaux ou à des choses des sentiments humains.
> Ex. : « Ni les bois ni la plaine / Ne poussaient un soupir » (v. 10-11).

Le poète a prêté des sentiments humains aux loups : donnez quelques exemples significatifs.

11. Combien de loups découvrent les chasseurs ?
12. Relevez les indices qui montrent que les loups sont méfiants.

La mort du loup (v. 41-60)
13. Quelle est l'attitude du loup (v. 41-42) ? Quelle qualité révèle-t-elle ?
14. a. Relisez les vers 43 et 44 et rétablissez les mots élidés (conjonctions, verbes) au vers 44.
b. Quelle est la fonction des propositions subordonnées ?
15. L'affrontement entre le loup et les chasseurs est-il égal (v. 45-56) ? Justifiez votre réponse.
16. Caractérisez l'attitude du loup, dans les vers 53 à 60 (fin de la première partie).

La visée
17. La majuscule fait du « Loup » un symbole. Quelles valeurs humaines sont exaltées, dans ce poème ?
18. Quelle est la réaction du chasseur aux vers 61-63 ?
19. a. Quelle réflexion cette mort suscite-t-elle chez le poète ?
b. Quelle leçon l'homme doit-il tirer de la mort du Loup ? Citez deux vers qui résument cette leçon.

Comparer

20. Lisez *Le Loup et le Chien*, de La Fontaine (p. 59). Quels points communs relevez-vous entre les loups décrits dans les deux textes ?

Écrire

21. Décrivez la scène surprise par les chasseurs (v. 27-42) : au premier plan, au-delà, plus loin.
22. À la manière d'Alfred de Vigny, imaginez un récit qui met en scène un animal et symbolise une qualité humaine. Prenez, par exemple, le chat associé à la sagesse.

Le Rêve du Jaguar

Sous les noirs acajous[1], les lianes en fleur,
Dans l'air lourd, immobile et saturé[2] de mouches,
Pendent, et, s'enroulant en bas parmi les souches,
Bercent le perroquet splendide et querelleur,
5   L'araignée au dos jaune et les singes farouches.
C'est là que le tueur de bœufs et de chevaux,
Le long des vieux troncs morts à l'écorce moussue,
Sinistre et fatigué, revient à pas égaux.
Il va, frottant ses reins musculeux qu'il bosse;
10 Et, du mufle[3] béant par la soif alourdi,
Un souffle rauque et bref, d'une brusque secousse,
Trouble les grands lézards, chauds des feux de midi,
Dont la fuite étincelle à travers l'herbe rousse.
En un creux du bois sombre interdit au soleil
15 Il s'affaisse, allongé sur quelque roche plate;
D'un large coup de langue il se lustre[4] la patte;
Il cligne ses yeux d'or hébétés de sommeil[5];
Et, dans l'illusion de ses forces inertes[6],
Faisant mouvoir[7] sa queue et frissonner ses flancs,
20 Il rêve qu'au milieu des plantations vertes,
Il enfonce d'un bond ses ongles ruisselants
Dans la chair des taureaux effarés et beuglants.

Charles LECONTE DE LISLE (1818-1894),
Poèmes barbares.

---

1. Bois sombre de couleur rougeâtre.
2. Débordant.
3. Museau.
4. Frotte pour faire briller.
5. Le jaguar semble avoir perdu l'esprit par manque de sommeil.
6. Immobiles.
7. Bouger.

Le Douanier Rousseau, « Cheval attaqué par un jaguar », détail (1910).

Repérer et comprendre

Les mètres
1. Comptez le nombre de syllabes dans les vers. Quel est le mètre utilisé dans ce poème ? Quelle est la disposition des rimes ?
2. Comment faites-vous le compte dans le vers 1 : sur quel mot y a t-il une diérèse (voir p. 11) ?

Le cadre
3. Quels éléments constituent le décor ?
4. Relevez les mots et les expressions qui évoquent des sensations visuelles, tactiles, auditives.
5. Combien d'adjectifs qualificatifs comptez-vous dans les vers 1 à 5 ? À quoi servent-ils ?

Le jaguar
6. a. Le jaguar est-il nommé directement au cours du poème ?
b. *La périphrase.*

La périphrase est une figure de style qui consiste à remplacer un mot par une expression de même sens.

Par quelle périphrase le jaguar est-il désigné ? Quelle caractéristique de l'animal est ainsi mise en valeur ?
c. À quel endroit le jaguar est-il désigné par son nom ?
7. a. Relevez les mots et expressions qui caractérisent le jaguar.
b. Quelles parties de son corps sont citées ?
8. Dans les vers 6 à 22, relevez les verbes d'action. Quelles indications donnent-ils sur les activités du félin ?
9. Quel est le rêve du jaguar ?

La visée
10. Que se cache-t-il derrière le calme apparent de la nature ? En quoi le titre du recueil d'où est extrait ce poème est-il éclairant ?

Écrire

11. Imaginez le rêve d'un animal familier (votre chat, votre chien...).
12. À la manière de Leconte de Lisle, racontez un « morceau de vie » d'un animal sauvage de nos contrées : sanglier, lièvre, perdrix...

Soleil couchant

L'astre calme descend vers l'horizon en feu.
Aux vieux monts du Soudan[1] qui, dans le crépuscule
Et le poudroiement d'or, s'estompent peu à peu,
— Amas de blocs géants où le fauve circule —
5 Là-haut, sur un talus voûtant un gouffre noir,
De ses pas veloutés foulant à peine l'herbe,
Secouant sa crinière à la fraîcheur du soir,
Lentement, un lion vient se camper, superbe !
De sa queue au poil roux il se fouette les flancs ;
10 Sous les taons, par moments, son pelage frissonne ;
Ses naseaux dans l'air frais soufflant deux jets brûlants.
Fier, solitaire, alors, songeant à sa lionne,
Dans sa cage à Paris exposée aux badauds[2]
Et qu'un bourgeois taquine avec son parapluie,
15 Il bâille et jette aux monts roulant leurs longs échos
Son vaste miaulement de vieux roi qui s'ennuie !

Jules LAFORGUE (1860-1887), *Les Complaintes*.

Repérer et comprendre

1. Relevez les indications spatiales et temporelles. Où se déroule la scène ? À quel moment de la journée ?
2. Relevez les mots et les expressions qui évoquent des sensations visuelles, tactiles, auditives.
3. Quels sont les deux mondes qui s'opposent ici ? En quoi ?
4. Relevez les mots et expressions qui caractérisent le lion (physique et caractère).
5. Quel est le songe du lion ? Est-il comparable au rêve du jaguar, dans le poème de Leconte de Lisle, p. 79 ? Quel est son état d'âme ?
6. Quel est le ton du poème ?

---

1. Pays d'Afrique. **2.** Aux passants.

Les Grenouilles
qui demandent un roi

    Les Grenouilles, se lassant
    De l'état Démocratique,
    Par leurs clameurs[1] firent tant
Que Jupin les soumit au pouvoir Monarchique.
5 Il leur tomba du Ciel un Roi tout pacifique :
Ce Roi fit toutefois un tel bruit en tombant
    Que la gent marécageuse[2],
    Gent fort sotte et fort peureuse,
    S'alla cacher sous les eaux,
10 Dans les joncs, dans les roseaux,
    Dans les trous du marécage,
Sans oser de longtemps regarder au visage
Celui qu'elles croyaient être un géant nouveau ;
    Or c'était un Soliveau[3],
15 De qui la gravité fit peur à la première
    Qui de le voir s'aventurant
    Osa bien quitter sa tanière.
    Elle approcha, mais en tremblant.
Une autre la suivit, une autre en fit autant,
20 Il en vint une fourmilière ;
Et leur troupe à la fin se rendit familière
    Jusqu'à sauter sur l'épaule du Roi.
Le bon Sire le souffre[4], et se tient toujours coi[5].

1. Cris.
2. C'est-à-dire les grenouilles (le peuple des marécages).
3. Un homme sans force ni autorité.
4. Le supporte.
5. Tranquille.

Jupin en a bientôt la cervelle rompue[6].
25 Donnez-nous, dit ce peuple, un Roi qui se remue.
Le Monarque des Dieux leur envoie une Grue[7],
　　Qui les croque, qui les tue,
　　Qui les gobe à son plaisir,
　　Et Grenouilles de se plaindre ;
30 Et Jupin de leur dire : « Eh quoi ! votre désir
　　À ses lois croit-il nous astreindre[8] ?
　　Vous avez dû premièrement
　　Garder votre Gouvernement ;
Mais, ne l'ayant pas fait, il vous devait suffire
35 Que votre premier roi fût débonnaire et doux :
　　De celui-ci contentez-vous,
　　De peur d'en rencontrer un pire. »

Jean DE LA FONTAINE (1621-1695),
Fables, Livre III, 4.

LA GRENOUILLE BLEUE
OU LA PRIÈRE AU BON FORESTIER

Nous vous en prions à genoux, bon forestier, dites-nous-le ! à quoi reconnaît-on *chez vous* la fameuse grenouille bleue ?
　　à ce que les autres sont vertes ? à ce qu'elle est pesante ? alerte ? à ce qu'elle fuit les canards, ou se balance aux nénuphars ?
5　à ce que sa voix est perlée ? à ce qu'elle porte une houppe ? à ce qu'elle rêve par troupe ? en ménage ? ou bien isolée ?
　　Ayant réfléchi très longtemps et reluquant un vague étang, le bonhomme nous dit : Eh ! mais, à ce qu'on ne la voit jamais.

Paul FORT (1872-1960),
Ballades françaises, Flammarion.

---

6. Fatiguée.　　**7.** Oiseau à longues pattes qui pêche dans les marécages.　　**8.** Obliger d'obéir.

La Grenouille aux souliers percés

La grenouille aux souliers percés
A demandé la charité.
Les arbres lui ont donné
Des feuilles mortes et tombées.

5 Les champignons lui ont donné
Le duvet de leur grand chapeau.

L'écureuil lui a donné
Quatre poils de son manteau.

L'herbe lui a donné
10 Trois petites graines.

Le ciel lui a donné
Sa plus douce haleine.

Mais la grenouille demande toujours, demande
                                              encore la charité
Car ses souliers sont toujours, sont encore percés.

Robert Desnos (1900-1945),
Destinées arbitraires, Gallimard.

Comparer

Des grenouilles et des hommes...
1. Quelles remarques faites-vous sur la mise en espace de chacun de ces trois poèmes (disposition des vers, strophes, mètres, rimes) ?
2. a. Qui sont les auteurs de ces textes ? À quel siècle ont-ils vécu ?
b. Quelle est, des trois textes, la forme poétique la plus classique ? la plus libre ? Quels genres reconnaissez-vous ?
3. Pouvez-vous définir la situation d'énonciation de chacun des textes (qui parle ? à qui ?) ?
4. Quelles expressions rythment le poème de Paul Fort (p. 84) ? Et le poème de Robert Desnos (p. 85) ?
5. Voici des grenouilles bien différentes : caractérisez chacune d'elles (appuyez-vous sur le texte).
6. Quelle vous paraît être la visée de chacun des textes (amuser ? instruire ? émouvoir ? se moquer... ?) ? Justifiez votre réponse.

QUATRIÈME PARTIE

Saisons et paysages

*Déjà la nuit en son parc amassait
un grand troupeau d'étoiles vagabondes...*

Joachim du Bellay

Vincent van Gogh, «La nuit étoilée, cyprés et village» (Saint-Rémy-de-Provence, juin 1889).

« LE TEMPS A LAISSSÉ SON MANTEAU... »

Le temps a laissé son manteau
De vent, de froidure et de pluie,
Et s'est vêtu de broderie,
De soleil luisant, clair et beau.

5 Il n'y a bête ni oiseau
Qu'en son jargon ne chante ou crie :
Le temps a laissé son manteau.

Rivière, fontaine et ruisseau
Portent, en livrée jolie,
10 Gouttes d'argent d'orfèvrerie,
Chacun s'habille de nouveau :
Le temps a laissé son manteau.

Charles D'ORLÉANS (1394-1465),
rondeau VI.

Repérer et comprendre

1. *Le rondeau.*

> *Le rondeau* est un poème à forme fixe. Construit sur deux rimes, le rondeau est composé de trois strophes, comportant chacune un refrain.

Quelles sont les deux rimes utilisées dans ce poème ? Quelle est leur disposition ? Quel est le mètre utilisé ? Quel vers est repris en refrain ?

2. Analysez la métaphore (voir p. 54) contenue dans la première strophe. Dans quelle strophe cette métaphore est-elle reprise ?

3. Relevez les mots qui caractérisent la saison chantée par le poète. Quel est l'effet produit ?

LE BEL AUBÉPIN

Bel aubépin verdissant,
   Fleurissant
Le long de ce beau rivage,
Tu es vêtu jusqu'au bas
5   Des longs bras
D'une lambrunche[1] sauvage.

Deux camps drillants[2] de fourmis
   Se sont mis
En garnison sous ta souche ;
10 Et, dans ton tronc mi-mangé,
   Arrangé
Les avettes[3] ont leur couche.

Le gentil rossignolet
   Nouvelet,
15 Avecques sa bien-aimée,
Pour ses amours alléger,
   Vient loger
Tous les ans en ta ramée[4],

Dans laquelle il fait son nid
20   Bien garni
de laine et de fine soie,
Où ses petits écloront,
   Qui seront
De mes mains la douce proie.

25 Or vis, gentil aubépin,
   Vis sans fin,
Vis sans que jamais tonnerre,
Ou la cognée[5], ou les vents,
   Ou les temps
30 Te puissent ruer[6] par terre.

Pierre DE RONSARD (1524-1585), *Odes*, IV, 22.

---

1. Vigne sauvage.   **3.** Abeilles.   **5.** La hache.
2. Vifs, affairés.   **4.** Dans tes branches entrelacées.   **6.** Jeter.

Repérer et comprendre

La mise en espace
1. Quelles remarques faites-vous sur le nombre de strophes, le nombre de vers par strophe, le mètre utilisé ?

La situation d'énonciation
2. À qui s'adresse le poète énonciateur ? Quel mot dans le poème signale la présence du poète ?

La description de l'aubépin
3. a. Qu'est-ce qu'un aubépin ? **b.** Relevez les mots et expressions qui caractérisent l'arbuste dans le poème. **c.** Puis relevez les noms qui désignent ses différentes parties.
4. « Tu es vêtu jusqu'au bas / [...] D'une lambruche sauvage » (v. 4 à 6). Quelle figure de style est utilisée ici ? Quel est l'effet produit ?
5. a. Qui sont les invités de l'aubépin ? S'agit-il d'invités permanents ou saisonniers ? **b.** Quelle saison est particulièrement évoquée ? Citez un champ lexical à l'appui de votre réponse.
6. Analysez la métaphore (voir p. 54) développée dans les vers 7 à 9.
7. Relevez les mots comportant un suffixe diminutif. Quel est l'effet produit ?
8. À partir de vos réponses, dites si la description de l'arbuste est méliorative ou péjorative.

La visée
9. Quel verbe est répété dans la dernière strophe ? À quel mode est-il ? Quelle est la valeur de ce mode ?
10. Quels dangers l'aubépin a-t-il à affronter (éléments naturels, menaces humaines...) ?
11. Quel effet produit l'association des sonorités et du sens dans le dernier vers ? Observez d'abord les sonorités avant de répondre.
12. Quelle est la visée de ce poème ?

Écrire

Poètes en herbe
13. À la manière de Ronsard, composez un poème en l'honneur d'une plante ou d'un animal. Votre poème devra avoir une visée précise.

NUITS DE JUIN

L'été, lorsque le jour a fui, de fleurs couverte
La plaine verse au loin un parfum enivrant ;
Les yeux fermés, l'oreille aux rumeurs entr'ouverte,
On ne dort qu'à demi d'un sommeil transparent.

5   Les astres sont plus purs, l'ombre paraît meilleure ;
Un vague demi-jour teint le dôme éternel ;
Et l'aube douce et pâle, en attendant son heure,
Semble toute la nuit errer au bas du ciel.

28 septembre 1837.

Victor HUGO (1802-1885),
Les Rayons et les Ombres.

Repérer et comprendre

1. Relevez les notations visuelles (lumières, couleurs), auditives, olfactives. Quelle impression dominante se dégage de ces nuits de juin ?

Écrire

2. Décrivez en quelques phrases (en vers ou en prose) une nuit ou un petit matin d'hiver, d'automne ou de printemps.

L'ÉTÉ POURRI

Le Roi-Pluie a des dents d'acier
Des pieds de vacarme
Et pis qu'un pâtissier-glacier
Fait rouler des larmes
5 Il reste à flageller les toits
Des heures entières
Son linge quand il l'y nettoie
Bouche les gouttières

Sans sa couronne les pieds nus
10 Sautant dans les cours
Il adresse à des inconnus
D'étranges discours
Avec des gestes en haillons
Et des airs de pitre
15 Il fait la guerre aux papillons
Le doigt sur les vitres

Il jure comme un charretier
En jouant aux billes
Et court de chantier en chantier
20 Tordant ses chevilles
Le Roi-Pluie à la nuit tombée
Danse pour des prunes
Et s'arrête la bouche bée
Quand il voit la lune

Louis ARAGON (1897-1982),
Le Voyage de Hollande, Seghers.

Repérer et comprendre

1. Quelles remarques faites vous sur le nombre de strophes, le nombre de vers par strophe, le mètre utilisé, les rimes ?
2. Sur quelle figure de style est construit ce poème ? Citez le texte à l'appui de votre réponse.
3. Relevez une allitération (voir p. 13) dans le vers 3. Quel est l'effet produit ?

Comparer

4. Comparez les parures des uns et des autres dans les poèmes de Ronsard (p. 89), Charles d'Orléans (p. 88) et Aragon (p. 92). Quel est le plus élégant, le plus richement vêtu, le plus comique ? Justifiez votre réponse.

CELUI QUI ATTEND

C'est bien l'automne qui revient
Va-t-on chanter
Mais plus personne
que moi
5   n'y tient
Je serai le dernier

Mais elle n'est pas si triste
qu'on l'avait dit
cette pâle saison
10 Un peu plus de mélancolie
Pour vous donner raison

La fumée interroge
Sera-ce lui ou toi
qui en ferez l'éloge
15 avant les premiers froids

Et moi j'attends
La dernière lumière
qui monte dans la nuit

Mais la terre descend
20 Et tout n'est pas fini
Une aile la supporte
Pendant tout ce temps
Avec toi j'irai à la fin du compte
Refermer la porte
25 S'il fait trop de vent.

Pierre REVERDY (1889-1960),
Grande Nature, Flammarion.

Repérer et comprendre

1. Quelles remarques faites-vous sur la disposition des vers, les mètres utilisés ?
2. Qui parle ? À qui ?
3. L'automne est-il une saison triste pour le poète ? Justifiez votre réponse.
4. Comparez les premiers et les derniers vers. Y a-t-il une évolution ? Justifiez votre réponse.

Écrire

Poètes en herbe
5. Écrivez un poème en vers libres pour chanter la saison que vous préférez.

Ballade à la lune

C'était, dans la nuit brune,
Sur le clocher jauni,
    La Lune
Comme un point sur un i.

5 Lune, quel esprit sombre
Promène au bout d'un fil,
    Dans l'ombre,
Ta face et ton profil?

Es-tu l'œil du ciel borgne?
10 Quel chérubin[1] cafard[2]
    Nous lorgne
Sous ton masque blafard[3]?

N'es-tu rien qu'une boule,
Qu'un grand faucheux[4] bien gras
15   Qui roule
Sans pattes et sans bras?

Es-tu, je t'en soupçonne,
Le vieux cadran de fer
    Qui sonne
20 L'heure aux damnés d'enfer?

Sur ton front qui voyage,
Ce soir ont-ils compté
    Quel âge
A leur éternité?

25 Est-ce un ver qui te ronge
Quand ton disque noirci
    S'allonge
En croissant rétréci?

Qui t'avait éborgnée,
30 L'autre nuit? T'étais-tu
    Cognée
À quelque arbre pointu?

Car tu vins, pâle et morne,
Coller sur mes carreaux
35   Ta corne
À travers les barreaux.

Va, lune moribonde[5],
Le beau corps de Phébé[6]
    La blonde
40 Dans la mer est tombé.

Tu n'en es que la face
Et déjà, tout ridé,
    S'efface
Ton front dépossédé...

45 Lune, en notre mémoire,
De tes belles amours
    L'histoire
T'embellira toujours.

---

1. Ange.
2. Hypocrite.
3. D'un blanc terne.
4. Araignée des champs, à longues pattes.
5. Qui semble près de mourir.
6. Surnom d'Artémis, déesse de la lune et de la chasse.

Et toujours rajeunie,
50 Tu seras du passant
   Bénie,
Pleine lune ou croissant.

T'aimera le vieux pâtre[7],
Seul, tandis qu'à ton front
55   D'albâtre[8],
Ses dogues[9] aboieront.

T'aimera le pilote,
Dans son grand bâtiment[10]
   Qui flotte
60 Sous le clair firmament.

Et la fillette preste
Qui passe le buisson,
   Pied leste,
En chantant sa chanson...

65 Et qu'il vente ou qu'il neige,
Moi-même, chaque soir,
   Que fais-je
Venant ici m'asseoir ?

Je viens voir à la brune
70 Sur le clocher jauni,
   La lune
Comme un point sur un i.

Alfred DE MUSSET (1810-1857), *Contes d'Espagne et d'Italie*.

Repérer et comprendre

1. Quelles remarques faites-vous sur les mètres utilisés ?
2. À qui s'adresse le poète ?
3. a. Vers 1 à 20. À quoi ou à qui la lune est-elle tour à tour comparée : analysez les comparaisons et les métaphores en précisant à chaque fois le comparé, le comparant et l'élément commun (voir p. 20).
b. Sous quels aspects se présente la lune, dans les vers 25 à 44 ?
c. La lune est-elle valorisée ou dévalorisée ?
4. Quels personnages sont évoqués à partir du vers 45 ? L'image donnée de la lune est-elle la même que précédemment ?

Écrire

Poètes en herbe
5. À quoi pourriez-vous comparer la lune ? Écrivez une strophe dans laquelle apparaîtra la comparaison que vous avez choisie.

---

7. Berger.   **8.** Marbre blanc.   **9.** Chiens.   **10.** Bateau.

L'Heure du Berger

La lune est rouge au brumeux horizon ;
Dans un brouillard qui danse, la prairie
S'endort fumeuse, et la grenouille crie
Par les joncs verts où circule un frisson ;

5   Les fleurs des eaux referment leurs corolles ;
Des peupliers profilent aux lointains,
Droits et serrés, leurs spectres incertains ;
Vers les buissons errent les lucioles ;

Les chats-huants s'éveillent, et sans bruit
10 Rament l'air noir avec leurs ailes lourdes,
Et le zénith s'emplit de lueurs sourdes.
Blanche, Vénus émerge, et c'est la Nuit.

Paul VERLAINE (1844-1896),
Poèmes saturniens.

Repérer et comprendre

La mise en espace
1. Quel est le mètre utilisé ? Quelle est la disposition des rimes ? Combien y a-t-il de phrases ?

La description
2. Relevez les éléments qui constituent le paysage. Quels éléments sont à l'arrière-plan ?
3. Caractérisez la luminosité du paysage. Citez des expressions ou des mots précis.
4. Quelles couleurs successives marquent le déclin du jour et la tombée de la nuit ?
5. Que peuvent être ces « fleurs des eaux » (v. 5) ? Quels indices signalent la présence d'un plan d'eau dans le paysage ?
6. Relevez les notations auditives. Quelle est l'impression dominante ?

7. a. Relevez les verbes d'action qui ponctuent le déclin du jour.
b. Quels animaux nocturnes apparaissent dans ce paysage ?
c. Relevez les allitérations du vers 10. Quel est l'effet produit ?
8. Quel est le rapport entre le titre du poème et le dernier vers ?

Écrire

9. Évoquez en quelques lignes le lever du jour : suggérez les effets de lumière, l'éveil de la flore et de la faune, et introduisez une allusion mythologique dans votre description.

Enquêter

10. a. Faites une recherche sur Vénus, Phaéton et le char du Soleil.
b. Qui est la déesse de l'aube dans la mythologie grecque et latine ?

Lire l'image (p. 99)

Voir

11. Que voyez-vous au centre du tableau ?
12. Quels sont les contrastes dans ce paysage ?
13. Comment le mouvement est-il suggéré sur cette toile ?
14. Une toile est une surface plane. Comment est suggéré ici l'effet de profondeur ?

Énoncer

15. Rédigez, à partir des réponses aux questions précédentes, une courte description de ce que vous voyez sur cette toile :
– au premier plan,
– au deuxième plan,
– à l'arrière-plan.

Comprendre

16. Pourquoi le promeneur est-il peint de dos ?
17. Ce paysage existe-t-il ailleurs que sur cette toile ? Justifiez votre réponse.

Rechercher

18. Citez quelques thèmes romantiques illustrés par ce tableau. Pour répondre, documentez-vous d'abord sur le Romantisme, au CDI par exemple.
19. Recherchez d'autres tableaux de Caspar David Friedrich. Illustrent-ils ces thèmes ?
20. Recherchez une reproduction de ce tableau en couleurs.

Caspar David Friedrich, « Voyageur au-dessus de la mer de nuages » (1818).

« DÉJÀ LA NUIT... »

Déjà la nuit en son parc amassait
Un grand troupeau d'étoiles vagabondes,
Et pour entrer aux cavernes profondes,
Fuyant le jour, ses noirs chevaux chassait.

5 Déjà le ciel aux Indes[1] rougissait,
Et l'Aube encor, de ses tresses tant blondes
Faisant grêler mille perlettes rondes,
De ses trésors les prés enrichissait :

Quand d'occident, comme une étoile vive,
10 Je vis sortir dessus ta verte rive,
O fleuve mien[2] ! une Nymphe en riant.

Alors voyant cette nouvelle Aurore,
Le jour, honteux, d'un double teint colore
Et l'Angevin[3] et l'Indique[4] Orient.

Joachim DU BELLAY (1522-1560), *L'Olive*.

Repérer et comprendre

1. Quelle remarque faites-vous sur la forme du poème ?
2. Qui parle ? À qui ?
3. Le poème est construit sur la figure de la personnification (voir p. 77). Quels sont les différents éléments personnifiés ?
4. Quel moment est évoqué dans le second quatrain ?
5. À qui le poète compare-t-il sa belle dans les tercets ?

---

1. À l'est, vers l'Orient.
2. C'est-à-dire la Loire.
3. L'Anjou, la région d'Angers.
4. Adjectif qualificatif formé sur le nom Indes.

CINQUIÈME PARTIE

Heures de vie

On vit, on parle, on a le ciel et les nuages sur la tête...
Victor Hugo

Edvard Munch, « La danse de la vie », détail (1899-1900).

L'Homme qui te ressemble

J'ai frappé à ta porte
J'ai frappé à ton cœur
pour avoir bon lit
pour avoir bon feu
5 pourquoi me repousser ?
Ouvre-moi mon frère !...

Pourquoi me demander
si je suis d'Afrique
si je suis d'Amérique
10 si je suis d'Asie
si je suis d'Europe ?
Ouvre-moi mon frère !...

Pourquoi me demander
la longueur de mon nez
15 l'épaisseur de ma bouche
la couleur de ma peau
et le nom de mes dieux ?
Ouvre-moi mon frère !...

Je ne suis pas un noir
20 Je ne suis pas un rouge
Je ne suis pas un jaune
Je ne suis pas un blanc
mais je ne suis qu'un homme
Ouvre-moi mon frère !...

25 Ouvre-moi ta porte
Ouvre-moi ton cœur
car je suis un homme
l'homme de tous les temps
l'homme de tous les cieux
30 l'homme qui te ressemble !...

René PHILOMBE (né en 1930),
Petites Gouttes de chant pour créer l'homme, in *Le Monde*, 8 février 1973.

Repérer et comprendre

1. Qui parle ? À qui ?
2. Relevez les répétitions qui structurent le poème. Quel est l'effet produit ?
3. Comment comprenez-vous les quatre derniers vers ? Quelle est la visée de ce poème ?

LA MAISON DE NATYK

s'asseoir
comme un inconnu
poser les mains
sur la table

5 du regard
simplement
demander asile
et permision

user du pain
10 et du feu
qu'on n'a pas faits
soi-même

ramasser les miettes
à la fin
15 pour les porter
aux oiseaux

ne dire
qui l'on est
d'où l'on vient
20 ni pour quoi

réserver la parole
à autre chose
et mettre sa chaise
à la fenêtre

Mohammed DIB (né en 1920),
Feu beau feu, Éditions du Seuil.

Repérer et comprendre

1. Quelles remarques faites-vous sur les mètres utilisés et les choix typographiques ?
2. À quel modes sont les verbes ? S'agit-il d'un mode personnel ou d'un mode impersonnel ? Qu'en déduisez-vous sur le personnage évoqué ? S'agit-il d'un personnage précis, est-il nommé ?
3. a. Les hommes mis en scène dans ce poème et dans celui de René Philombe (p. 102) sont-ils dans la même situation ? Justifiez votre réponse.
b. Que refusent-ils l'un et l'autre ? Que recherchent-ils ?
4. Quelle est la visée de ce poème ?

Ballade des menus propos

Je connais bien mouches en lait,
Je connais à la robe l'homme,
Je connais le beau temps du laid,
Je connais au pommier la pomme,
5 Je connais l'arbre à voir la gomme,
Je connais quand tout est de même,
Je connais qui besogne ou chôme,
Je connais tout, fors[1] que moi-même.

Je connais pourpoint au collet,
10 Je connais le moine à la gonne[2],
Je connais le maître au valet,
Je connais au voile la nonne,
Je connais quand pipeur[3] jargonne,
Je connais fous nourris de crèmes,
15 Je connais le vin à la tonne[4],
Je connais tout, fors que moi-même.

Je connais cheval et mulet,
Je connais leur charge et leur somme,
Je connais Biatris et Belet[5],
20 Je connais jet[6] qui nombre et somme,
Je connais vision et somme,
Je connais la faute des Bohêmes[7],
Je connais le pouvoir de Rome,
Je connais tout, fors que moi-même.

25 Prince, je connais tout en somme,
Je connais colorés et blêmes,
Je connais mort qui tout consomme,
Je connais tout, fors que moi-même.

François VILLON (~1431-~1463), *Poésies*.

Repérer et comprendre

1. *La ballade.*

> *La ballade* est un poème à forme fixe, composé de *trois strophes* de structure identique, suivies d'un « *envoi* » (c'est-à-dire d'une demi-strophe commençant généralement par le mot « Prince »). Chaque strophe et l'envoi se terminent par le même vers, constituant le *refrain*.

Repérez dans ce poème les caractéristiques de la ballade.
2. Qui parle ? À qui ?
3. Quelle figure de style structure le poème ?
4. a. Quel principaux domaines sont évoqués dans chaque strophe ?
b. Comparez les vers 1 et 27 : y a-t-il une progression ? Justifiez votre réponse.
5. Quelle est, selon vous, la visée du poème ?

Écrire

Poètes en herbe
6. À la manière de François Villon, composez à votre tour une ballade. Vous conserverez les premiers mots, « Je connais... », ainsi que le refrain.

---

1. Hormis, sauf.
2. Au froc, à la robe.
3. Trompeur.
4. Au tonneau.
5. Isabel.
6. Jeton, pièce.
7. Habitants de la Bohême.

Le Buffet

C'est un large buffet sculpté; le chêne sombre,
Très vieux, a pris cet air si bon des vieilles gens;
Le buffet est ouvert, et verse dans son ombre
Comme un flot de vin vieux, des parfums engageants;

5 Tout plein, c'est un fouillis de vieilles vieilleries,
De linges odorants et jaunes, de chiffons
De femmes ou d'enfants, de dentelles flétries,
De fichus de grand'mère où sont peints des griffons;

— C'est là qu'on trouverait les médaillons, les mèches
10 De cheveux blancs ou blonds, les portraits, les fleurs sèches
Dont le parfum se mêle à des parfums de fruits.

— Ô buffet du vieux temps, tu sais bien des histoires,
Et tu voudrais conter tes contes, et tu bruis
Quand s'ouvrent lentement tes grandes portes noires.

Octobre 70.

Arthur RIMBAUD (1854-1891), *Poésies*.

Repérer et comprendre

1. Quelles remarques faites-vous sur la forme du poème ?
2. Relevez les notations visuelles (couleurs), olfactives, auditives. Quelle sensation est privilégiée ?
3. « Comme un flot de vin vieux » (v. 4).
Relevez d'autres mots ou expressions appartenant au même champ lexical que l'adjectif « vieux ». Quel est l'effet produit ?
4. Relevez quelques allitérations en précisant l'effet produit.
5. Quel pouvoir ont ce vieux buffet et son contenu ?

Écrire

6. « Ô buffet du vieux temps, tu sais bien des histoires » (v. 12).
Racontez l'une de ces histoires soudain surgie du passé.

Paul Cézanne, « Nature morte aux oignons » (1895-1900).

Lire l'image

7. Précisez le support de cette image (peinture, gravure, image filmique, photographie, image numérique…) ? Donnez le titre de l'œuvre et son auteur. Où peut-on admirer cette œuvre ? (Consultez la page 128 pour répondre.)

8. a. Qu'appelle-t-on une nature morte en peinture ?
b. Décrivez précisemment ce que vous voyez : le titre de l'œuvre peut-il vous aider ?
c. Recherchez d'autres reproductions en couleurs de natures mortes peintes par le même artiste et préparez en salle informatique une exposition où vous mêlerez textes poétiques et images. Vous afficherez ensuite images et textes en classe.

9. Quels sont, à votre avis, les points communs entre ce tableau et le poème de Rimbaud, *Le Buffet* ?

Les Fenêtres

Celui qui regarde du dehors à travers une fenêtre ouverte, ne voit jamais autant de choses que celui qui regarde une fenêtre fermée. Il n'est pas d'objet plus profond, plus mystérieux, plus fécond, plus ténébreux, plus éblouissant qu'une fenêtre éclairée d'une chandelle. Ce qu'on peut voir au soleil est toujours moins intéressant que ce qui se passe derrière une vitre. Dans ce trou noir ou lumineux vit la vie, rêve la vie, souffre la vie.

Par-delà des vagues de toits, j'aperçois une femme mûre, ridée déjà, pauvre, toujours penchée sur quelque chose, et qui ne sort jamais. Avec son visage, avec son vêtement, avec son geste, avec presque rien, j'ai refait l'histoire de cette femme, ou plutôt sa légende, et quelquefois je me la raconte à moi-même en pleurant.

Si c'eût été un pauvre vieux homme, j'aurais refait la sienne tout aussi aisément.

Et je me couche, fier d'avoir vécu et souffert dans d'autres que moi-même.

Peut-être me direz-vous : « Es-tu sûr que cette légende soit la vraie ? » Qu'importe ce que peut être la réalité placée hors de moi, si elle m'a aidé à vivre, à sentir que je suis et ce que je suis ?

Charles BAUDELAIRE (1821-1867),
Petits Poèmes en prose.

Repérer et comprendre

1. De quelle forme poétique s'agit-il ?
2. Qui désigne les pronoms « je » (l. 8), « vous » (l. 17) et « tu » (l. 17) ?
3. La fenêtre est-elle une ouverture sur l'extérieur ou sur l'intérieur ?
4. Quel bénéfice l'énonciateur tire-t-il à observer des inconnus ?

LE RELAIS

En voyage, on s'arrête, on descend de voiture ;
Puis entre deux maisons on passe à l'aventure,
Des chevaux, de la route et des fouets étourdi,
L'œil fatigué de voir et le corps engourdi.

5   Et voici tout à coup, silencieuse et verte,
Une vallée humide et de lilas couverte,
Un ruisseau qui murmure entre les peupliers,
Et la route et le bruit sont bien vite oubliés !

On se couche dans l'herbe et l'on s'écoute vivre,
10 De l'odeur du foin vert à loisir on s'enivre,
Et sans penser à rien on regarde les cieux...
Hélas ! une voix crie : « En voiture, messieurs ! »

Gérard DE NERVAL (1808-1855),
Poésies.

Repérer et comprendre

1. a. Qui peut désigner le pronom « on » (v. 1) ?
b. Relevez, dans la première strophe, les trois adjectifs qualificatifs.
À qui se rapportent-ils ? À quel champ lexical appartiennent-ils ?
2. Relevez dans la seconde et la troisième strophe les mots qui expriment des sensations visuelles (couleurs), auditives, olfactives, tactiles.
Quel est l'effet produit ?
3. *L'antithèse.*
  L'antithèse est une figure de style consistant à opposer très fortement deux mots ou expressions pour les mettre en valeur.
Relevez dans ce poème des associations de mots ou d'expressions formant des antithèses. Quels sont les deux mondes qui s'opposent ?

« On vit, on parle... »

On vit, on parle, on a le ciel et les nuages
Sur la tête ; on se plaît aux livres des vieux sages ;
On lit Virgile[1] et Dante[2] ; on va joyeusement
En voiture publique à quelque endroit charmant,
5   En riant aux éclats de l'auberge et du gîte ;
Le regard d'une femme en passant vous agite ;
On aime, on est aimé, bonheur qui manque aux rois !
On écoute le chant des oiseaux dans les bois ;
Le matin, on s'éveille, et toute une famille
10 Vous embrasse, une mère, une sœur, une fille !
On déjeune en lisant son journal. Tout le jour
On mêle à sa pensée espoir, travail, amour ;
La vie arrive avec ses passions troublées ;
On jette sa parole aux sombres assemblées[3] ;
15 Devant le but qu'on veut et le sort qui vous prend,
On se sent faible et fort, on est petit et grand ;
On est flot dans la foule, âme dans la tempête ;
Tout vient et passe ; on est en deuil, on est en fête ;
On arrive, on recule, on lutte avec effort... —
20 Puis, le vaste et profond silence de la mort !

   11 juillet 1846, en revenant du cimetière.

   Victor Hugo (1802-1885), *Les Contemplations*, XI.

Repérer et comprendre

1. Qui peut désigner le pronom « on », dans ce poème ?
2. Quels sont les différents âges de la vie évoqués dans ce poème ?
3. Quelle figure de style identifiez-vous dans les vers 16 et 18 ?
4. Que est selon vous la visée du poème ?

---

1. Poète latin (-70/-19 avant notre ère).   **2.** Poète italien (1265-1321).
3. Après la mort de sa fille Léopoldine (en 1843), Victor Hugo abandonna un temps la création littéraire pour se tourner vers la politique. Il fut élu député en 1848.

SPLEEN

Tout m'ennuie aujourd'hui. J'écarte mon rideau.
En haut ciel gris et rayé d'une éternelle pluie,
En bas la rue où dans une brume de suie
Des ombres vont, glissant parmi les flaques d'eau.

5 Je regarde sans voir fouillant mon vieux cerveau,
Et machinalement sur la vitre ternie
Je fais du bout du doigt de la calligraphie.
Bah ! sortons, je verrai peut-être du nouveau.

Pas de livres parus. Passants bêtes. Personne.
10 Des fiacres, de la boue, et l'averse toujours...
Puis le soir et le gaz et je rentre à pas lourds...

Je mange, et bâille, et lis, rien ne me passionne...
Bah ! Couchons-nous. — Minuit. Une heure. Ah ! chacun dort !
Seul, je ne puis dormir et je m'ennuie encor.

7 novembre 1880.

Jules LAFORGUE (1860-1887), Poésies.

Repérer et comprendre

1. Quelles remarques faites-vous sur la forme du poème ?
2. a. Relevez les indications temporelles qui marquent l'écoulement du temps et retracez l'emploi du temps du poète.
b. *Les coupes.*

> *Les coupes* d'un vers sont des pauses plus ou moins marquées. Elles sont indiquées par la ponctuation ou le sens des groupes de mots. Les coupes peuvent être régulières ou non. Les coupes fortes, marquées par des points ou des points-virgules, sont particulièrement expressives.

Quel est l'effet produit par l'emploi des points de suspension et par les coupes du vers 13 ?
3. À qui s'adresse le poète aux vers 8 et 13 ? Relevez dans ces vers les marques de l'oralité. Quel est l'effet produit ?
4. Comparez le début et la fin du poème : y a-t-il une progression ?

LES USINES

[...] Ici, sous de grands toits où scintille le verre,
La vapeur se condense en force prisonnière :
Des mâchoires d'acier mordent et fument ;
De grands marteaux monumentaux
5 Broient des blocs d'or sur des enclumes,
Et, dans un coin, s'illuminent les fontes
En brasiers tors et effrénés qu'on dompte.

Là-bas, les doigts méticuleux des métiers prestes,
À bruits menus, à petits gestes,
10 Tissent des draps, avec des fils qui vibrent
Légers et fins comme des fibres.
Des bandes de cuir transversales
Courent de l'un à l'autre bout des salles
Et les volants larges et violents
15 Tournent, pareils aux ailes dans le vent
Des moulins fous, sous les rafales.
Un jour de cour avare et ras
Frôle, par à travers les carreaux gras
Et humides d'un soupirail,
20 Chaque travail.
Automatiques et minutieux,
Des ouvriers silencieux
Règlent le mouvement
D'universel tictaquement
25 Qui fermente de fièvre et de folie
Et déchiquette, avec ses dents d'entêtement,
La parole humaine abolie.
[...]

Émile VERHAEREN (1855-1916),
Les Villes tentaculaires, Gallimard.

Frans Masereel, planche tirée de La Ville, *gravure sur bois (1928).*

Repérer et comprendre

La mise en espace
1. Quelles remarques faites-vous sur le mètre utilisé ? sur la disposition des vers ?

La description
2. a. Relevez dans le poème les deux indications de lieu qui délimitent les différents plans.
b. Quel est le monde décrit au premier plan ? et au second ?
c. Relevez des mots et expressions qui caractérisent chacun de ces deux mondes (dimensions, éclairage, bruit ou silence). Que constatez-vous ?
3. « Des mâchoires d'acier mordent » (v. 3) : comment appelle-t-on la figure de style utilisée ici ? Analysez-la. Quel est l'effet produit ?
4. Quel sont les effets produits par les associations de sens et de sonorités dans les vers 4, 5, 11, 14, 26 ?
5. *La métonymie.*
> *La métonymie* est une figure de style qui consiste à remplacer un terme par un autre, lié au premier par un rapport logique.
> Ex. : – le contenant pour le contenu : « boire un verre » ;
> – l'instrument pour la fonction : « le tambour » pour le joueur de tambour...

Qui désigne, par métonymie, l'expression « les doigs méticuleux » (v. 8) ?
6. Quel est l'effet produit par le rythme du vers 9 ?
7. Que fabrique-t-on dans ces usines ?

La visée
8. a. Que signifient les expressions « qui fermente de fièvre et de folie » (v. 25), « la parole humaine abolie » (v. 27) ?
b. Quelle est la visée de ce poème ?

Écrire

9. Un ouvrier qui travaille dans cette usine raconte sa journée.
10. Décrivez un lieu où les hommes s'affairent : centre ville, entreprise, docks... Privilégiez les notations visuelles, sonores, olfactives.

Heure de vie

Ce que je demande
Raab
ce que je demande
ce n'est ni l'or
5 ni la chance des autres
Raab
ce que je demande
c'est pouvoir couler ma vie
comme une eau calme glisse entre deux rives
10 sans bruit
tu penses que ce sont là paroles de lâcheté
et qu'un corps en vie ne ressemble pas
à du bois mort
je ne dis pas non
15 mais pourrais-tu à ton tour me croire
quand je t'assure que j'ai bien pensé ainsi
certains jours où le désarroi
pesait sur mes épaules
comme mille wagons chargés
20 de tout le poids du monde.

Jean-Paul NYUNAÏ (né en 1932), *La Nuit de ma vie*, Debresse.

Repérer et comprendre

1. Quelles remarques faites-vous sur la mise en espace du poème ? sur la ponctuation ?
2. Qui parle, à qui ?
3. Quelle anaphore rythme le poème ? Quel est l'effet produit par l'emploi de la négation au début du poème ?
4. Analysez la comparaison (voir p. 20) des vers 8 à 10.
5. a. Par quel argument l'énonciateur se justifie-t-il ? À l'aide de quelle comparaison ? **b.** Quelle est la visée du poème ?

« DEMAIN, DÈS L'AUBE... »

Demain, dès l'aube, à l'heure où blanchit la campagne,
Je partirai. Vois-tu, je sais que tu m'attends.
J'irai par la forêt, j'irai par la montagne.
Je ne puis demeurer loin de toi plus longtemps.

5 Je marcherai, les yeux fixés sur mes pensées,
Sans rien voir au-dehors, sans entendre aucun bruit,
Seul, inconnu, le dos courbé, les mains croisées,
Triste, et le jour pour moi sera comme la nuit.

Je ne regarderai ni l'or du soir qui tombe,
10 Ni les voiles au loin descendant vers Harfleur,
Et, quand j'arriverai, je mettrai sur ta tombe[1]
Un bouquet de houx vert et de bruyère en fleur.

                        3 septembre 1847.

Victor HUGO (1802-1885), *Les Contemplations,* IV.

---

1. Il s'agit de la tombe de Léopoldine, la fille aînée de Victor Hugo qui s'était noyée avec son mari lors d'une promenade en barque sur la Seine, le 4 septembre 1843.

Repérer et comprendre

La situation d'énonciation
1. Qui parle ? À qui ? Quels pronoms personnels désignent les personnages ?

Le voyage
2. Relevez les indications de temps et de lieu. Quelle est la durée du voyage ? Quels sont les paysages traversés ?
3. Quel est le temps dominant dans ce poème ? Justifiez son emploi.
4. Quels mots révèlent précisément le but du voyage ?

Les sentiments du poète
5. Relevez les mots et expressions qui caractérisent l'attitude du poète. Qu'en déduisez-vous sur ses sentiments ?
6. Le houx est un arbuste à feuilles luisantes et persistantes, à fruits rouges en hiver. La bruyère est une plante décorative, persistante, qui fleurit de juillet à décembre.
Que peuvent symboliser ici le « houx vert » et la « bruyère en fleur » (v. 12) ?

Le Dormeur du val

C'est un trou de verdure où chante une rivière
Accrochant follement aux herbes des haillons
D'argent ; où le soleil, de la montagne fière,
Luit : c'est un petit val qui mousse de rayons.

5 Un soldat jeune, bouche ouverte, tête nue,
Et la nuque baignant dans le frais cresson bleu,
Dort ; il est étendu dans l'herbe, sous la nue,
Pâle dans son lit vert où la lumière pleut.

Les pieds dans les glaïeuls, il dort. Souriant comme
10 Sourirait un enfant malade, il fait un somme :
Nature, berce-le chaudement : il a froid.

Les parfums ne font pas frissonner sa narine ;
Il dort dans le soleil, la main sur sa poitrine,
Tranquille. Il a deux trous rouges au côté droit.

Octobre 1870.

Arthur RIMBAUD (1854-1891), *Poésies*.

Repérer et comprendre

La mise en espace et le titre
1. Quelle remarques faites-vous sur la forme de ce poème, le mètre utilisé ?
2. Quelles hypothèses de lecture faites-vous à partir du titre ?

Le val
3. a. Relevez dans les deux premières strophes :
– les termes géographiques,
– les mots appartenant au champ lexical de la lumière,
– les enjambements.

b. Analysez la métaphore « des haillons/D'argent » (v. 2-3).
c. « Chante » (v. 1), « follement » (v. 2), « mousse (de rayons) » (v. 4) : à quel champ lexical appartiennent ces mots ?
4. Quelle impression se dégage de ce décor ? Appuyez-vous sur vos réponses aux questions précédentes pour répondre.

Le dormeur
5. Relevez les mots et expressions qui caractérisent le dormeur (son statut, son âge, sa position, les différentes parties de son corps).
6. a. Relevez les mots appartenant au champ lexical du sommeil.
b. Combien de fois le verbe « dormir » est-il répété ? Notez à chaque fois sa place dans le vers.

La progression du poème et la visée
7. Quel est l'effet produit par la dernière phrase ?
8. Relisez le poème. Après cette seconde lecture, répondez aux questions suivantes :
– Quelle signification donnez-vous maintenant au mot « dormeur » (dans le titre) et au verbe « dormir » (v. 7, 9 et 13) ?
– Quels détails se révèlent inquiétants ?
– Quel est l'effet produit par les allitérations (voir p. 13) des vers 11-12 ?
– Après avoir recherché le sens du mot « glaïeuls », dites ce que peut évoquer l'image « les pieds dans les glaïeuls » (v. 9).
9. Quelle est la visée de ce poème ?

CHANSON DES ESCARGOTS
QUI VONT À L'ENTERREMENT

À l'enterrement d'une feuille morte
Deux escargots s'en vont
Ils ont la coquille noire
Du crêpe autour des cornes
5 Ils s'en vont dans le soir
Un très beau soir d'automne
Hélas quand ils arrivent
C'est déjà le printemps
Les feuilles qui étaient mortes
10 Sont toutes ressuscitées
Et les deux escargots
Sont très désappointés
Mais voilà le soleil
Le soleil qui leur dit
15 Prenez prenez la peine
La peine de vous asseoir
Prenez un verre de bière
Si le cœur vous en dit
Prenez si ça vous plaît
20 L'autocar pour Paris
Il partira ce soir
Vous verrez du pays
Mais ne prenez pas le deuil
C'est moi qui vous le dis
25 Ça noircit le blanc de l'œil
Et puis ça enlaidit
Les histoires de cercueils
C'est triste et pas joli
Reprenez vos couleurs
30 Les couleurs de la vie
Alors toutes les bêtes
Les arbres et les plantes
Se mettent à chanter
À chanter à tue-tête
35 La vraie chanson vivante
La chanson de l'été
Et tout le monde de boire
Tout le monde de trinquer
C'est un très joli soir
40 Un joli soir d'été
Et les deux escargots
S'en retournent chez eux
Ils s'en vont très émus
Ils s'en vont très heureux
45 Comme ils ont beaucoup bu
Ils titubent un p'tit peu
Mais là-haut dans le ciel
La lune veille sur eux.

Jacques PRÉVERT (1900-1977),
Paroles, Gallimard.

Repérer et comprendre

La mise en espace

1. Quelles remarques faites-vous sur la mise en espace du poème, la ponctuation, les marques typographiques?

2. *La syncope.*

> Le poème comporte des mots *syncopés*, c'est-à-dire des mots dont on retranche une lettre ou une syllabe à la lecture. Ainsi, au vers 3, on dira : « Ils ont la coquill'noire. »

a. Quel est le mètre couramment utilisé dans le poème?
b. Trouvez des exemples de syncopes. Quel est l'effet produit?
3. Quel vers ne présente pas la même mesure que les autres? Quel est l'effet produit?

Les personnages

4. « À l'enterrement d'une feuille morte / Deux escargots s'en vont... » (v. 1-2) : sur quelle figure de style est construit le poème?
5. Quel est le sens de « désappointés » (v. 12) ? Quel effet produit-il ?
6. a. Quel est l'effet du vin sur nos deux escargots ?
b. Quel est l'effet produit par la syncope « un p'tit peu » (v. 46) ?
7. Comparez le début et la fin du poème. Les escargots sont-ils dans le même état d'âme ?

La narration

8. Relevez les indications temporelles. Combien de temps dure l'action ?
9. Repérez la situation initiale, un événement modificateur, des péripéties, le dénouement.
10. Relevez les mots et expressions appartenant au champ lexical du deuil. Quelle est la couleur associée à la tristesse ?
11. Quel est le champ lexical dominant à partir du vers 29 ?

L'argumentation

12. Repérez un passage au discours direct. Qui s'adresse aux escargots ? De quoi veut-on les convaincre ?
13. Relevez les expressions comportant le verbe « prendre » (v. 15 à 23) et « reprendre » (v. 29). Ces verbes ont-ils toujours le même sens ?

La visée

14. Quelle est la visée de ce poème ?
15. Pourquoi le poème s'intitule-t-il « chanson » ?

« UNE ODEUR NOCTURNE... »

Une odeur nocturne, indéfinissable et qui m'apporte un doute obscur, exquis et tendre, entre par la fenêtre ouverte dans la chambre où je travaille.

Mon chat guette la nuit, tout droit, comme une cruche.. Un trésor
5 au regard subtil me surveille par ses yeux verts..

La lampe fait son chant léger, doux comme on l'entend dans les coquillages. Elle étend ses mains qui apaisent. J'entends les litanies[1], les chœurs[1] et les répons[1] des mouches dans son aréole[2]. Elle éclaire les fleurs au bord de la terrasse. Les plus proches s'avancent timide-
10 ment pour me voir, comme une troupe de nains qui découvre un ogre..

Le petit violon d'un moustique s'obstine. On croirait qu'un soliste joue dans une maison très lointaine.. Des insectes tombent d'une chute oblique et vibrent doucement, sur la table. Un papillon blond comme un fétu de paille se traîne dans la petite vallée de mon livre..
15 Une horloge pleure. Des souvenirs dansent une ronde enfantine..

Le chat se fend à fond. Son nez dessine en l'air quelque vol invisible.. Une mouche a posé ses ciseaux dans la lampe..

Des bruits de cuisine s'entassent dans une arrière-cour. Des voix contradictoires jouent à pigeon-vole. Une voiture démarre. Un train
20 crie dans la gare prochaine. Une plainte lointaine et longue s'élève..

Et je pense à quelqu'un que j'aime, et qui est si petit d'être si loin, peut-être, par-delà des pays noirs, par-delà des eaux profondes. Et à son regard qui m'est invisible...

Léon-Paul FARGUE (1876-1947),
Poésies, Gallimard.

---

1. Prières et chants religieux.   **2.** Cercle de lumière autour de la lampe.

Repérer et comprendre

1. Quelles remarques faites-vous sur la forme de ce poème ?

2. a. Qui parle ? À quel moment de la journée ? À quel moment de l'année ? Citez le texte.

b. Dans quel lieu se trouve l'énonciateur ? Quels sont les meubles et objets qui composent le décor ?

3. Relevez les notations visuelles (lumières, couleur), auditives, olfactives. Sont-elles nombreuses ? Quel est l'effet produit ?

4. Imaginez le paysage extérieur. S'agit-il d'un paysage de campagne ou d'un décor citadin ? Justifiez votre réponse.

5. Relevez les comparaisons et les métaphores et analysez-les (voir p. 20 et 54).

6. Comparez le début et la fin du texte. Quelle progression constatez-vous ?

7. Par quelle image le poète évoque-t-il l'éloignement de l'être aimé ?

Écrire

8. « Et je pense à quelqu'un que j'aime, et qui est si petit d'être si loin... » (l. 21).
Comment l'amitié peut-elle survivre à l'absence et à l'éloignement ?

« LA FENÊTRE EST OUVERTE... »

La fenêtre est ouverte et le jardin s'endort,
Longuement, avec des bruits d'eau et des murmures
D'invisibles oiseaux blottis dans les ramures
Que le soir a tiédies de sa caresse d'or.

5 La fenêtre est ouverte. Et monte le silence
Du cœur des fleurs, du cœur de l'ombre jusqu'à nous
Qui, pensifs, l'écoutons venir à pas très doux
Du fond de notre obscure et grave conscience.

La fenêtre est ouverte... et le jardin n'est plus
10 Qu'une chose confuse et doucement lointaine
Où l'on entend parfois, aux rumeurs des fontaines,
Bouger les ailes des oiseaux qui se sont tus.

Francis CARCO (1886-1958),
La Bohème et mon cœur, Albin Michel.

Repérer et comprendre

1. Quelles remarques faites-vous sur le mètre utilisé, la disposition des rimes ?
2. Quelles sensations sont privilégiées (visuelles, auditives, tactiles...) ? Justifiez votre réponse.
3. a. Relevez l'anaphore qui structure le poème.
b. Relevez les allitérations en *l*, *m*, *r*. Quel est l'effet produit ?
4. Quel rôle joue la nuit qui vient ?

Écrire

Poètes en herbe
5. « La fenêtre est ouverte... ». Décrivez en quelques lignes (ou quelques vers) ce que vous voyez, entendez, sentez...

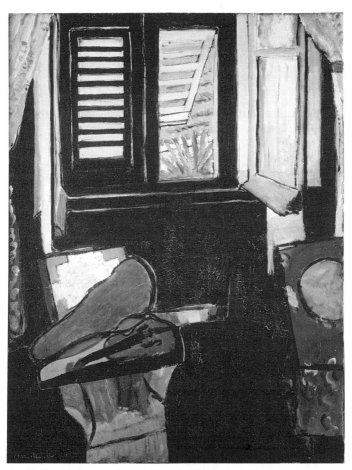

Henri Matisse, « Intérieur au violon » (1917-1918). © Succession H. Matisse.

QUESTIONS DE SYNTHÈSE

La poésie

Construire un tableau chronologique

1. Replacez dans son siècle, sous forme de tableau, chacun des poètes que vous avez étudié.

Répertorier les outils d'analyse

2. Rassemblez, sous forme de lexique, les mots qui vous ont servi à analyser les poèmes. Recherchez leur définition dans le recueil, recopiez-les et illustrez-les chacune d'un exemple.

Identifier les formes de discours et la visée

3. Quelles formes de discours prédominent dans les poèmes que vous avez étudiés (narrative, descriptive, explicative, argumentative) ?
4. Donnez quelques exemples de poèmes qui cherchent à émouvoir, amuser, dénoncer.

Dire un poème

5. Choisissez un poème que vous avez plaisir à lire et à relire. Apprenez-le et récitez-le devant un public.

Écrire un poème

6. Déterminez un thème (la liberté, l'amour, les hommes, l'évocation d'un paysage...) puis écrivez un poème en adoptant la forme poétique de votre choix.

Index des auteurs

APOLLINAIRE, Guillaume (1880-1918) **18**, **68**
ARAGON, Louis (1897-1982), **92**
BAUDELAIRE, Charles (1821-1867), **108**
CARCO, Francis (1886-1958), **124**
CORBIÈRE, Tristan (1845-1875), **10**
CROS, Charles (1842-1888), **42**
DESNOS, Robert (1900-1945), **9**, **19**, **21**, **85**
DIB, Mohammed (né en 1920), **103**
DU BELLAY, Joachim (1522-1560), **57**, **63**, **100**
ÉLUARD, Paul (1895-1952), **35**, **64**
EPANYA YONDO, Elolongue (1930-1998), **72**
FARGUE, Léon-Paul (1876-1947), **122**
FORT, Paul (1872-1960), **84**
GAUTIER, Théophile (1811-1872), **23**, **69**
GLISSANT, Edouard (né en 1928), **13**
GUILLEVIC, Eugène (né en 1907), **32**, **70**
HEREDIA, José Maria de (1842-1905), **43**
HUGO, Victor (1802-1885), **91**, **110**, **116**
LA FONTAINE, Jean de (1621-1695), **59**, **71**, **83**
LAFORGUE, Jules (1860-1887), **82**, **111**
LECONTE DE LISLE, Charles (1818-1894), **79**
MUSSET, Alfred de (1810-1857), **28**, **94**
NERVAL, Gérard de (1808-1855), **109**
NYUNAÏ, Jean-Paul (né en 1932), **115**
ORLÉANS, Charles d' (1394-1465), **88**
PHILOMBE, René (né en 1930), **102**
PONGE, Francis (1899-1988), **14**
PRÉVERT, Jacques (1900-1977), **8**, **40**, **120**
QUENEAU, Raymond (1903-1976), **8**
RÉGNIER, Henri de (1864-1936), **12**
REVERDY, Pierre (1889-1960), **56**, **93**
RIMBAUD, Arthur (1854-1891), **38**, **106**, **118**
RONSARD, Pierre de (1524-1585), **89**
SUPERVIELLE, Jules (1884-1960), **52**
VERHAEREN, Émile (1855-1916), **50**, **112**
VERLAINE, Paul (1844-1896), **26**, **96**
VIGNY, Alfred de (1797-1863), **49**, **74**
VILLON, François (~1431-~1463), **104**

Table des illustrations

2/3/4		Voir © des pages 7, 31, 67, 87 et 101
7	ph ©	Musée National d'Art Moderne, Bâle/ Lauros-Giraudon/Archives Hatier © Adagp, Paris, 1999
13	ph ©	J.L. Charmet
15	ph ©	Musée Carnavalet, Paris/Bulloz
17	ph ©	Archives Hatier
18	ph ©	Editions Gallimard
23-h	ph ©	Archives Hatier/Illustrateur: F. Joullain
23-m	ph ©	Archives Hatier/Illustrateur: F. Joullain
23-b	ph ©	Archives Hatier/Illustrateur: A. Watteau
24	ph ©	Archives Hatier/Illustrateur: Gavarni
28/29/30	ph ©	Camera Photo/AKG, Paris
31	ph ©	Coll. Privée/AKG, Paris © Adagp, Paris, 1999
34	ph ©	Kharbine Tapabor/ Encycl. Botanique Russe début XXᵉ (détail)
38	ph ©	Coll. Kharbine Tapabor/ Le Mirliton, 1893
43	ph ©	Archives Hatier
44/45	ph ©	Giraudon/Archives Hatier
49	ph ©	Giraudon/Archives Hatier
53	ph ©	PLM/Paris Lyon Méditerranée est une marque du groupe Accor Wagons-Lits. Diffusion S.A., 1999. Tous Droits réservés.
60	ph ©	Coll. Kharbine Tapabor/Illustrateur: Granville, Les Fables de la Fontaine, 1868
67	ph ©	Louvre DAG/Gérard Blot/RMN, Paris
68	©	ADAGP, Paris, 1999/Raoul Dufy, 1908
70	ph ©	Coll. Jonas/Kharbine Tapabor (détail)
71/72	ph ©	Coll. Kharbine Tapabor « Les fables de La Fontaine »; Imagerie Pinot à Epinal fin XIXᵉ (détail)
80	ph ©	Musée Pouchkine/Giraudon
83	ph ©	AKG, Paris/Illustrateur: G. Doré pour les « Fables de La Fontaine », 1868
84	ph ©	AKG, Paris/Illustrateur: R. Hansche
85	ph ©	Archives Hatier/Illustrateur: J.J. Granville
87	ph ©	AKG, Paris/MOMA, NY (détail)
89	ph ©	Kharbine Tapabor/ Encycl. Botanique Russe début XXᵉ (détail)
91	ph ©	Coll. Kharbine Tapabor/III. Lhermitte in « La vie rustique » par A. Theuriet, 1888
97	ph ©	Coll. Kharbine Tapabor/III. Von Volkmann, 1899, in « Lieder und bilder »
99	ph ©	Archives Hatier/Musée d'Art de Hambourg (détail)
101	ph ©	AKG, Paris/Galerie Nationale, Oslo © Adagp, Paris, 1999
104/105	ph ©	Archives Hatier
107	ph ©	Giraudon/Archives Hatier/Louvre, Jeu de Paume
113	ph©	Archives Hatier © Adagp, Paris, 1999
116	ph ©	Peinture de Chatillon, « Léopoldine au livre d'heures » (détail)/Archives Hatier
120	ph ©	Coll. Kharbine Tapabor
121	ph ©	Coll. Kharbine Tapabor
125	ph ©	Musée National d'Art de Copenhague/AKG, Paris © Succession Matisse, Paris, 1999

Édition: Laure de Cazenove
Iconographie: Hatier Illustration
Principe de maquette et de couverture: Tout pour plaire
Mise en page: ALINÉA
Impression: Imprimé en France par l'imprimerie Hérissey (Évreux)
Dépôt légal: 33436 - Octobre 2003 - N° d'imprimeur: 95634